Jana Černá

MILENA JESENSKÁ

Aus dem Tschechischen von Reinhard Fischer

Verlag Neue Kritik

Die tschechische Originalausgabe erschien 1969 unter dem Titel "Adresát Milena Jesenská" im Klub Mladá Poesie in Prag

Bildnachweis:
Hartmut Binder (S.113); Jan R. Cerný (S.173);
Staša Fleischmann (S.88, S.96); Jaroslava Vondráčková (S. 36);
Klaus Wagenbach (S.48, S.77); Joachim von Zedtwitz (S.133, S.144)

CIP-Kurztitelaufnahme der Deutschen Bibliothek
Černá, Jana:
Milena Jesenská / Jana Černá. Aus d. Tschech. von Reinhard Fischer. – Frankfurt (Main): Verlag Neue Kritik, 1985.
Einheitssacht.: Adresat Milena Jesenská <dt.>
ISBN 3-8015-0204-X

Umschlag Hanno Rink / Günther Fieweger
Druck Fuldaer Verlagsanstalt GmbH Fulda

Prolog

Bis Kriegsende, also ein Jahr nach Milenas Tod, konnte ich nicht glauben, daß sie wirklich tot ist. Von dieser Wahrheit überzeugte mich eine Frau aus Ravensbrück, die fast bis zur letzten Stunde bei ihr gewesen war. Sie schrieb mir einen langen Brief über den Aufenthalt meiner Mutter im Lager, schilderte ausführlich komplizierte Verhältnisse, von denen ich damals nicht das geringste begriff, und nannte viele Namen, die mir gar nichts sagten. Einen Brief, der allein kaum ausgereicht hätte, um die einfache und trotzdem für mich so schwer faßbare Tatsache zu erkennen, daß Milena nicht mehr lebte.

Aber einige Tage später kam sie zu mir und brachte als Geschenk einen Zahn mit, den sie erhalten hatte, als meiner Mutter wegen Parodontose ein Zahn nach dem anderen ausfiel.

Ich hatte Milena das letzte Mal in einem Raum des Petschek-Palais* gesehen. Danach sah ich noch ihr Porträt, die Zeichnung einer Polin aus Ravensbrück. Aber niemals mehr die lebende Milena.

Erst jetzt. Vor mir auf dem Tisch lag ein Teil ihres Körpers, ein Bruchstück ihres Lächelns.

* Hauptquartier der Gestapo in Prag (Anm. d. Übers.)

Die Erklärung, die ich dazu bekam, war ganz einfach: ”Das ist alles, was von Milena übriggeblieben ist. Ich wollte dir eine Freude machen, deshalb bringe ich ihn dir.“

Diese ehemalige Mitgefangene ist einer der besten Menschen, die ich kenne. Doch auch die besten Menschen besitzen ein gewisses Maß an Grausamkeit. Oder genauer gesagt – auch die besten Menschen sind manchmal gezwungen, die ganze Grausamkeit der Realität auszudrükken. Sofern es um Milena geht, ist es wohl mit so grauenvoller und knapper Genauigkeit keinem anderen mehr gelungen. Jedenfalls war das für mich der erste unumstößliche Beweis, daß meine Mutter tot war.

Vielleicht kann man mit einer Urne leben, in der sich die Asche eines geliebten Menschen befindet, der Körper, der seine Substanz verändert hat und in nichts mehr dem Lebenden gleicht. Ich weiß es nicht. Aber ich weiß, daß man nicht mit dem Bruchstück eines Körpers leben kann, der unwiederbringlich tot ist. Daß man nicht einen existierenden Teil eines nicht existierenden Menschen berühren kann.

Ich weiß das, weil ich es vergeblich versucht habe. Damit zu leben, vermochte ich nicht, und mich davon zu trennen war ich ebenfalls nicht imstande. Ich besaß nicht den Mut, diese unersetzbare Reliquie wegzuwerfen, und konnte mich nicht dazu entschließen, sie jemandem zu schenken. Weil ich jedoch nicht Milenas untrügliches Gedächtnis geerbt habe, half mir schließlich gnädig meine Vergeßlichkeit. Ich verlegte den Zahn und fand ihn nicht nicht wieder.

Vergessen zu können, gehört zu den unveräußerlichen Rechten des Menschen, zu einer der wenigen unbegrenzbaren Freiheiten, die jeder besitzt und die uns niemand nehmen kann. Wenn sich ein Kind alles merken sollte, was es erlebt, bis es sich mit der Welt abfindet, wäre es wahrscheinlich mit fünf Jahren schwer neurotisch, mit zwölf schon reif fürs Irrenhaus und mit fünfzehn für den Selbstmord. Letztendlich ist auch das wenige, was der Mensch im Gedächtnis bewahrt, dicht an der Grenze des Erträglichen.

Das Vergessen des Unerträglichen ist – ebenso wie Ohnmacht bei übergroßem Schmerz – eines der wenigen Mittel, mit denen sich der Mensch sowohl vor der Welt wie vor sich selber schützt. Und vor beiden hat er manchmal einen solchen Schutz sehr nötig.

Soviel ich weiß, hat Milena dieses so selbstverständlich genutzte Privileg niemals in Anspruch genommen. Sie behielt jede Minute ihres Lebens mit solcher Klarheit in ihrem Gedächtnis, daß es schien, als verweigerte ihr das Hirn nicht nur die Gnade des Vergessens, sondern schüfe mit der Zeit sogar ein immer genaueres und deutlicheres Bild des Vergangenen. Das ist gewiß ein Schlüssel zum Verständnis ihres Lebens, zu seinem Verlauf und seinem Ende.

Als ich nach ihrem Tode aus meinen Erinnerungen, aus den Berichten ihrer Freunde und ihrer Feinde, aus Briefen, Artikeln und den paar Kleinigkeiten, die von ihr geblieben waren, ihr Wesen zu ergründen suchte, wurde mir ständig von neuem bewußt, welche Belastung für sie dieses klare Gedächtnis war. Und gleichzeitig, welche Kraft darin steckte.

Ich sprach mit einer ganzen Reihe von Menschen. Fast jeder glaubte, daß er sie gut gekannt habe und berechtigt sei, über sie zu urteilen. Das ist eigentlich der Hauptgrund, warum ich mich entschlossen habe, dreiundzwanzig Jahre nach ihrem Tode und fünfzehn Jahre nach dem Erscheinen von Kafkas "Briefen an Milena" aufzuschreiben, was ich von ihr weiß.

Kein Leben gibt seine Geheimnisse leicht preis, auch das einfache Leben eines einfachen Menschen ist in Wirklichkeit unerforschlich, und ein vollständiges Zeugnis darüber dürfte kaum jemand selber geben, geschweige denn ein anderer. Weil ich das sehr wohl weiß, konnte ich lange Zeit nicht über Milena schreiben. Auch jetzt bin ich mir nicht sicher, daß es mir gelingen wird, alles über sie zu sagen. Sicher bin ich mir lediglich, daß das bisher niemandem gelungen ist.

Es ist höchst verwunderlich, daß das zwanzigste Jahrhundert der christlichen Ära, das man ein Zeitalter der Vernunft, des Geistes, der Aufgeklärtheit und weiß der Teufel noch wie nennt, kaum die nackte Wahrheit erträgt. Wir schwer akzeptabel ist doch trotz eines rational schlagenden Herzens der Gedanke, daß die Geliebte eines berühmten Mannes durchaus nicht einem Engel glich und daß sie schon zu ihren Lebzeiten als ein Mensch voller merkwürdiger und unbegreiflicher Widersprüche galt, als ein Mensch, der schwierig zu begreifen war und mit dem es sich nicht einfach lebte. (Als wäre es überhaupt einfach, mit jemandem zu leben, und als wäre es besonders einfach, mit einem einfachen Menschen zu leben . . .)

Infolgedessen versuchten alle, die Milena im Zusammenhang mit Kafka erwähnten, sie wenigstens ein bißchen zu idealisieren und einige Tatsachen zu verschweigen, die allzu schreiend der Vorstellung von der engelhaften Geliebten eines Genies widersprechen. Das erinnert an die naiven Heiligenbildchen von der Jungfrau Maria, der süßen und lieblichen, blühenden und mädchenhaften Gottesmutter, der Madonna mit rosafarbenen Wangen und einem himmelblauen Tuch auf dem goldschimmernden Haar. Ebenso wie diese Darstellungen ist auch das idealisierte Bild von Milena falsch und irrig, und ebenso wie in ihnen liegt auch darin ein Stück seltsamer Wahrhaftigkeit.

So die einen. Andere fordern hingegen: Da Milena nun einmal Franz Kafkas große Liebe war, wäre sie auch verpflichtet gewesen, unbedingte Parteidisziplin zu üben und alle Fehler mitzumachen, die in einer bestimmten Epoche notwendigerweise daraus hervorgingen. Dann könnte man ihr diese Liebe zugestehen, und es wäre möglich, wenigstens in dem Zusammenhang über sie zu reden und zu schreiben. Sie übte jedoch keine Parteidisziplin und zeigte keine Bereitschaft, alle Fehler mitzumachen.

So erscheint Milena Jesenská abwechselnd als Verräterin, welche die Moral im Konzentrationslager mit der Behauptung zersetzt, daß die Stalinsche Sowjetunion Menschen aus politischen Gründen ihrer Freiheit beraube, oder als glühende tschechische Patriotin, die auf dem Graben oder auf der Ferdinanka in einem weißen Gewand einherschreitet und Vaterlandsliebe predigt.

Für den Leser dürfte Milena vor allem in zwei Epochen ihres Lebens wichtig sein: während ihrer Beziehung zu Kafka, in diesem zwar nicht langen, aber für beide wahrscheinlich äußerst wichtigen Zeitabschnitt, und in der Zeit, als sie sich von der Kommunistischen Partei löste und aufhörte zu glauben, daß die Sowjetunion, so wie sie damals aussah, die einzige Macht sei, die nicht nur die Arbeiterklasse, sondern auch den Weltfrieden und die Weltordnung zu retten vermöchte.

Keiner von diesen Lebensabschnitten entstand zufällig. (Überhaupt entstehen ziemlich wenige Dinge im menschlichen Leben zufällig, geschweige denn wichtige Dinge.) Beiden ging eine bewegte Zeit voraus, in der sich Milenas Persönlichkeit formte. Allein dank dieser Entwicklung und infolge ihrer Erlebnisse vor dem Zeitpunkt, als sie zum ersten Male Franz Kafka als Schriftsteller begegnete, konnte sie seinen Wert erkennen und als erste sein literarisches Werk ins Tschechische übersetzen.

Frau Gustina Fučiková hat in einem Artikel in der *Kulturní tvorba* erklärt, daß man Milena nicht nur als Kafkas Freundin betrachten dürfe, sondern auch als einen Menschen, der an der Rolle der Kommunistischen Partei und der Sowjetunion zweifelte. Und daß man die Freundin Franz Kafkas nicht von der Journalistin in den Jahren vor dem zweiten Weltkrieg trennen könne.

Vielleicht wird man mir verzeihen, wenn ich in dem Punkte Frau Fučiková recht gebe. Das darf man wirklich nicht. Der Mensch, der Kafkas Größe erkannte und der begriff, woher seine ständige Angst rührte, war derselbe, der nach den Moskauer Prozessen nicht imstande war, die Angst zu überwinden, die sich seiner wegen des Vorgehens auf beiden Seiten bemächtigt hatte, auf der feindlichen deutschen ebenso wie auf der, die damals von J.W. Stalin beherrscht wurde.

Wiederholt vernahm ich den Vorwurf an Milena, auf diese Weise hätte sie vor dem Krieg und während des Krieges die Kräfte zersplittert, es wäre damals nicht möglich gewesen, sich gleichzeitig und in einem Atemzug gegen Deutschland zu stellen und das auszusprechen, was in den eigenen Reihen nicht in Ordnung war. Das ist möglich, und vielleicht ist es auch richtig. Doch Milena war keine Taktikerin. Milena war eine Cholerikerin. Warten, bis der Kampf beendet ist, und erst dann die siegreiche Partei von ihren Makeln zu reinigen, ist ihr schlicht und einfach nicht eingefallen, weil sie gar nicht auf einen solchen Gedanken kommen konnte. Das gab es nicht in ihrer Welt. Sie war sogar imstande, kopflos vieles für eine Sache zu opfern, für die sie entflammt war. Aber sie hat wohl nie vermocht, einen klaren und ruhigen

Kopf zu bewahren, wenn die geliebte Sache oder der geliebte Mensch sie enttäuschten. Eines weiß ich: Als Milena in die Partei eintrat, war sie von der Sowjetunion begeistert. Und soviel ist allgemein bekannt: Diese Sowjetunion, von J.W. Stalin regiert, hat diejenigen, die von ihr begeistert waren, blutig und böse enttäuscht. Wenn ich mich irre – und wie gern würde ich mich irren –, dann hätte ich die Jahre bis zum zwanzigsten Parteitag nur geträumt (von denen danach schweigen wir, weil das nichts mehr mit Milena zu tun hat), und die Enthüllungen, zu denen es dort kam, sind nur ein häßlicher Traum. Und wenn ich mich nicht irre, vermag ich mir nicht vorzustellen, von welcher Position aus man einem Menschen verübeln darf, daß er seine Enttäuschung nicht verheimlichte und seine Verbitterung äußerte.

I

Milena wurde um die Jahrhundertwende, am 10. August 1896, in Prag geboren. Ihr Vater, der Universitätsprofessor Dr. med. Jan Jesenský, war der vollendete Typ des Selfmademan – und offenbar war das nicht nur ein Wesensmerkmal seiner Person, sondern fast ein Familienerbteil. Es waren acht Geschwister, von denen kein einziger verlorenging, dreien gelang es sogar, in Lese- oder Lehrbücher aufgenommen zu werden. Vielleicht ist es nicht gänzlich uninteressant, daß ich von allen acht Geschwistern schon dank der natürlichen Auswahl durch meinen Großvater und Milena nur diese drei erfolgreichsten kannte. Die anderen lernte ich erst nach Großvaters Tod kennen, in seiner Wohnung voller Uhren und Antiquitäten, als sie mir versicherten, sie seien "die liebe Tante" oder "der gute Onkel", an die ich mich bestimmt erinnere und denen ich sicherlich aus der Hinterlassenschaft als Andenken und für ewige Zeiten wenigstens ein Stückchen Zahngold geben werde oder das Bild, vor dem wir gerade stehen ... (Ich erinnerte mich nicht, und das Erbe brachte ich ohne ihre Hilfe geradezu in einer Rekordzeit durch, so daß ich bis heute zu hören bekomme, ich sei ganz die Mama – aber das ist schon wieder eine andere Geschichte.)

Milenas Vater war ein Sonderling im klassischen Sinne des Wortes. Zeitlebens vermochte er nicht mit seinen Mitmenschen in völligem Einklang zu leben, und diese konnten ihn nicht richtig verstehen.

Er studierte unter ungünstigsten Bedingungen und schlug sich während des Studiums schlecht und recht durch. Da er ein absolutes Gehör besaß, lernte er Geige spielen und fidelte abends in Bars den Herren und Damen etwas ins Ohr. Außerdem gab er Stunden und schleppte auf Prager Bahnhöfen Koffer von reichen Reisenden – wie Milena später in Wien. Er war einfach selbst unter Armen arm und ertrug das schlechter, als er zeigte. Seinen verletzten Stolz besänftigte er mit dem Bewußtsein, daß er ein Nachkomme von Jan Jesenius war, dem ersten Medizinprofessor an der Karl-Universität, der mit zwanzig böhmischen Herren am 21. Juni 1621 auf dem Altstädter Ring prunkvoll hingerichtet wurde – das hob zwar das Selbstgefühl, machte aber die abgewetzten Hosen nicht neu und die Koffer auf den Bahnhöfen nicht leichter.

Nach dem Studium heiratete er die Tochter des Landesschulinspektors, Milena Hejzlarová, deren Mitgift es ihm ermöglichte, sich eine eigene Zahnarztpraxis einzurichten. Soviel ich von Milena weiß, beanspruchten der Herr Inspektor und seine Gattin von ihrem Schwiegersohn wenigstens einige Dankbarkeitsbeweise dafür, daß sie ihm das töchterliche Vermögen überlassen hatten. Er blieb sie ihnen schuldig und verzieh seiner Frau niemals ihre Eltern noch diese Hilfe. Verbissen und aufrichtig haßte er sie mit dem ganzen proletarischen Grimm, der sich in den Bars und auf den Bahnhöfen in ihm angesammelt hatte.

Und aus dem armen Studentlein wurde schließlich ein Prager Dandy, dessen Schränke mit vorzüglich genähten

Anzügen prall gefüllt waren, und es machte schon Mühe, seine Schuhe zu zählen, geschweige denn in dem vollkommenen Zustand zu erhalten, den er kategorisch verlangte.

Es gab eine Zeit, da er beim Kartenspiel unglaubliche Summen verlor und eine Reihe von Geliebten und Liebesaffären hatte, von denen eine sogar mit dem letzten Duell endete, das sich in Prag überhaupt abspielte – es fiel zwar niemand, aber immerhin wurde auf romantische Weise ein bißchen Blut vergossen –, und zur gleichen Zeit schuftete er mit fast unvorstellbarem Fleiß und versuchte, seine Tochter so puritanisch wie möglich zu erziehen. Jan Jesenský war empfindlich, stolz, jähzornig, sentimental, raubtierhaft gesund und äußerst zäh. Er starb zwei Jahre nach Milenas Tod mit 75 Jahren, und auf dem Sterbebett schaffte er es noch, seine Geliebte zu ehelichen, mit der er schon mehrere Jahre zusammenlebte, die er jedoch bisher nicht geheiratet hatte, wahrscheinlich deshalb, weil ihn allein die Gewißheit des nahen Todes mit dem Verlust der Freiheit und mit der Ehe versöhnen konnte.

Milenas Mutter, Milena Hejzlarová, war ein schönes, zartes und unheilbar krankes Wesen, sie starb, als Milena sechzehn Jahre alt war. Lange Zeit vor ihrem Tode konnte sie nicht laufen, ihr Mann und Milena schoben sie in einem Rollstuhl und wechselten sich manche ermüdende nächtliche Stunde an ihrem Bett ab. Noch bis zu ihrer Verhaftung wachte Milena Nacht für Nacht um ein Uhr auf, weil das der Zeitpunkt war, zu dem die Kranke ihre Medikamente einnahm, und das Kind durfte diese Stunde am Krankenbett nicht verschlafen.

Milena war nicht das einzige Kind, das in der Ehe von Jan Jesenský und Milena Hejzlarová geboren wurde. Sie war etwa vier Jahre alt, als die schon damals nicht völlig gesunde, anämische Frau Jesenská von einem Jungen entbunden wurde, den man mit großen Hoffnungen begrüßte und auf den traditionellen Namen Jan taufte. Die Kräfte seiner Mutter reichten jedoch nicht mehr aus, die durch Geburt und Krankheit geschwächte Frau konnte ihren Sohn nicht stillen. Und Doktor Jesenský, voller Widerwillen gegenüber allem, was nicht ebenso kraftstrotzend und unverwüstlich wie er selber war, lehnte es ab, für das Kind eine Amme zu nehmen.

"Wenn meine Frau nicht stillen kann, soll sie keine Kinder haben!" hat er damals angeblich erklärt, und er ließ den Jungen einige Wochen mit einem Nuckel dahinvegetieren. Das Kind war auf das Mitgefühl der Dienstmädchen angewiesen, die zuweilen, wenn sie sich von ihren häuslichen Pflichten losreißen konnten, einen Tuchzipfel mit Zuckerwasser tränkten oder etwas Brei in ein Läppchen wickelten.

Ich weiß nicht genau, wie lange der kleine Jenícek den Nuckel, das Mitgefühl der Dienstmädchen und den Haß seines Vaters aushielt, aber sehr lange war es nicht. Als er nach wenigen Wochen Durchfall bekam und kurz darauf starb, existierte er für Doktor Jesenský wieder. Er wurde mit allen gebührenden Zeremonien in der Familiengruft beigesetzt, und sein Name kam auf den Grabstein. Seit der Zeit war wohl Milena die einzige, die es wagte, ihn zu erwähnen.

Wie es möglich ist, daß Doktor Jesenský seiner Tochter auch eine Reihe angenehmer Stunden bereitete und sogar lange Spaziergänge mit ihr machte, gehört zu den rätselhaften Dingen, die nie ganz zu klären sind. Auf ihre geliebten Spaziergänge konnte Milena zeitlebens nicht völlig verzichten, auch als sie schon hinkte. Jedenfalls war Milenas Beziehung zu ihrem Vater das Merkwürdigste, was ich in dieser Hinsicht jemals gesehen habe. Außerdem ähnelte diese Mischung aus Furcht, Liebe, Widerwillen, Haß und Verehrung so sehr der Beziehung Kafkas zu seinem Vater, daß schon das beide verbinden mußte. Vielleicht war nicht einmal diese Beziehung in ihrer endgültigen Gestalt, sondern vor allem das, was sie geformt hatte, in den Hauptzügen fast identisch.

Soweit ich mich erinnere, hörte ich von Milena keine einzige Geschichte, die man als ”Geschichte aus der Kindheit“ bezeichnen könnte. Alles, was sie mir aus dieser Zeit berichtete, war ziemlich häßlich, böse, traurig oder peinlich, und meist alles zusammen. Auch die einfachsten, fast lächerlichen Begebenheiten zeugten von kindlicher Angst, die mit Kindheit als ”glücklicher Zeit“ sehr wenig gemein hatte. Milena erzählte zauberhaft, und ich konnte mich nicht satthören. Erst viel später merkte ich, daß nicht nur das, was ich über ihre Kindheit weiß, sondern alles, was ich überhaupt über meine Mutter weiß, eigentlich aus Mosaiksteinchen einzelner Geschichten zusammengesetzt ist, die scheinbar aus dem zeitlichen Zusammenhang gerissen sind. Als hätte für Milena Zeit nicht existiert, und als wären alle Erlebnisse völlig frisch gewesen.

Ich erinnere mich, daß ich Glaskügelchen liebte, die innen einen fließenden Regenbogen hatten. Diese Kügelchen kaufte ich im ”Metro“, wenn mich Milena oder mein Vater nach oben ins Café mitnahmen und ich mich dort herzlich langweilte. Das wußte ich auf ziemlich unangenehme Weise kundzutun, und so erbettelte ich jedesmal eine Krone für ”Regenbogen“. Für Glaskügelchen bekam ich von Milena immer Geld. Ich habe nie gewußt, warum ihr gerade dieser Wunsch so verständlich war, bis ich unlängst einen Artikel in den *Národní Listy* aus dem

Jahre 1925 in die Hände bekam, in dem Milena schreibt: "Als ich klein war, spielte ich neben dem Lehnstuhl meiner Mutter Krieg zwischen Glaskügelchen und großen Bohnen. Immer richtete ich es so ein, daß die Bohnen verloren, ich mochte sie nicht." Die Briefbeschwerer auf Milenas Schreibtisch waren Glaskugeln mit Regenbogen oder bunten Blasen. Sie hielt vielleicht gerade deshalb an ihren kindlichen Lieblingsdingen fest, weil sie so wenig hatte . . .

Eine andere Geschichte, eine der ältesten, ist für die damalige Zeit ebenso typisch wie für Milena selber.

Sie ging wohl in die zweite oder dritte Klasse, als man sich in der Schule darauf vorbereitete, einen hohen Herrn von der Behörde gebührend zu empfangen, wozu auch ein niedliches Mädchen mit einem Blumenstrauß gehörte.

Milena hatte das Pech, daß sie sich zu nichts so gut eignete wie eben dazu, dieses Mädchen zu sein, das mit einem Knicks und mit wohlgewählten Worten die Obrigkeit begrüßt. Sie besaß geradezu bemerkenswert alle Voraussetzungen für diese Aufgabe. Als Töchterchen eines Herrn Doktor und als Enkelin des Herrn Landesschulinspektors schon an sich dafür prädestiniert, war sie obendrein ein hübsches Kind mit langem, lockigem Haar und großen blauen Augen und klug genug, um rezitieren zu können und zu wissen, wie man auf dem Podium etwas vorträgt, einen Knicks macht und das Begrüßungsbukett überreicht. Und sie war noch zu klein, um den Schauder zu äußern, den sie bei allen Situationen empfand, in denen sie – wie sie das später bezeichnete – als "dressierter Affe" benutzt wurde.

Es war irgendwann in den ersten Jahren unseres Jahrhunderts. Zu einer Zeit, als die Bediensteten auf die schönen Kinder ihrer Herrschaften stolz waren. Doktor Jesenskýs Köchin war auf die kleine Milenka stolz, als wäre es ihr eigenes Kind, und sie säumte nicht, "ihr Mädelchen" für ein so feierliches Ereignis herzurichten. Sie wusch ihr das Haar, tauchte es in Zuckerwasser und drehte dann bis tief in die Nacht Strähne für Strähne auf Papierstreifen. Das war recht mühselig, Milenas Haar war dicht und lang. Als sie schlafen gingen, war Mitternacht vorüber. Die Köchin war zufrieden mit ihrem Werk, und Milena war verzweifelt wegen des klebrigen Geflechts auf ihrem Kopf.

Am Morgen sah sie aus wie eine Puppe mit Schaflöckchen, die steif wie Drähte abstanden und mit keinem Kamm zu entwirren waren. Milena stand vor dem Spiegel, häßlich in ihrem festlichen Kleid und mit der fürchterlichen Frisur, und stellte sich vor, wie sie in der Schule empfangen würde. Sie sah die boshaften Blicke ihrer Mitschülerinnen und hörte im voraus das "Jeeeh...". In die Schule kam sie schamrot, und als sie mit Gelächter begrüßt wurde, heulte sie los und zerzauste sich das Haar, so daß schließlich die Lehrerin eingreifen mußte. Sie führte Milena zur Wasserleitung, wusch ihr erneut das Haar, und während Milena den hohen Herrn willkommen hieß, rann ihr das Wasser den Rücken hinunter.

Einmal fürchtete sich Milena, allein nach Hause zu gehen, sie gab deshalb vor, sich verirrt zu haben, und ließ sich von einem unbekannten Burschen, den sie nach dem Weg gefragt hatte, heimgeleiten. Das kam jedoch heraus, und man lachte über sie. "Du hast wohl Angst, daß dich jemand stiehlt?" wurde sie verspottet. Milena traf das zutiefst, weil niemand verstehen wollte, daß sie nicht befürchtete, jemand könnte ihr etwas zuleide tun, sondern daß sie nur nicht allein sein wollte ... Dieses Erlebnis vergaß sie nicht. In einem Artikel in den *Národní Listy* schrieb sie später: "Ich saß auf einem Baumstamm am Letná-Park und baute Burgen aus rotbraunen

Kastanien. Als ich über die Brücke heimging, hielt ich jemanden an und fragte nach dem Weg, nur damit einer von den eiligen, fremden Menschen mit mir, der Kleinen, sprach."

Als ihre Mutter krank war, bekam Milena einmal große Lust, eine Weile hinauszugehen. Die Mutter war eingeschlafen, der Vater war nicht zu Hause – in der kurzen Zeit würde bestimmt nichts passieren. Milena stahl sich aus dem Zimmer und lief die Treppe hinunter auf die Straße. Sie blieb nicht lange draußen, es mochte eine halbe Stunde gewesen sein. Ebenso leise, wie sie fortgegangen war, kehrte sie zurück. Die Mutter hatte die Augen noch geschlossen, alles war in Ordnung. Erst nach längerer Zeit sagte sie: "Ich wundere mich gar nicht über dich, Mädchen. Auch ich würde fortlaufen, wenigstens für ein Weilchen, wenn ich bloß könnte . . ."

Einmal, ganz ausnahmsweise, brachte Doktor Jesenský seiner Frau Veilchen. Es war im zeitigen Frühling, und ihn dauerte wohl die Frau, die den ganzen Tag im Bett lag. Sie freute sich darüber, betrachtete das Sträußchen fortwährend, und Milena mußte es mehrmals an einen anderen Platz stellen. Abends besuchte den Herrn Doktor eine seiner reizvollen Patientinnen. Er ging ins Zimmer seiner Frau, entschuldigte sich bei ihr und nahm die Veilchen aus der Vase, um sie der Patientin zu schenken.

Milena erinnerte sich zwar an diese Geschichte wie an alle anderen ganz genau, aber Veilchen hatte sie gern, und niemals übertrug sie ihre Verbitterung über dieses Erlebnis auf die Blumen, obwohl sie so etwas zuweilen tat. Es gab Dinge, auch Blumen, die sie wegen der Erinnerungen, die sich daran knüpften, nicht mochte.

Einmal gingen wir an einem Fenster vorbei, hinter dem ein Tränendes Herz zu sehen war. Mir gefiel diese Pflanze, sie war sehr buschig, und die herzförmigen Blüten erschienen mir hübsch. Ich wunderte mich, warum sich Milena abwandte. Sie erklärte es mir – niemals ließ sie meine Fragen ohne Antwort, auch als ich ganz klein war. Ihre Abneigung hing mit einem Kindheitserlebnis zusammen.

Damals war meine Großmutter schon krank und sie fuhr in einen Kurort. Milena war bei ihr. Einmal konnte Milena ihre Mutter nicht finden, sie suchte im Badezimmer, suchte vergeblich in den Gesellschaftsräumen. Dann begab sie sich in den Park. Und dort, unter einem Strauch Tränendes Herz, saß ihre Mutter und umarmte sich mit einem fremden Mann. Milena schlich ins Zimmer und sagte ihrer Mutter nie, was sie gesehen hatte. Aber seitdem mochte sie kein Tränendes Herz, und den Widerwillen gegen diese Pflanze verlor sie auch als Erwachsene nicht.

Ich weiß nicht, ob sich jemand von ihren Freunden noch heute an etwas anderes aus ihrer Kindheit entsinnt. Ihre eigenen Erinnerungen trugen immer den Stempel von Häßlichkeit, Trauer und Angst.

Erstaunlicherweise wurde Milena trotz all dieser kindlichen Erlebnisse kein passives, verschüchtertes Mädchen. Weder die kranke Mutter noch der despotische Vater brachten es fertig, in Milenas Charakter die Ergebenheit zu schaffen, die beide – wenn auch jeder auf andere Weise – anstrebten. Diese Reaktion trat zwar ein, aber erst, nachdem Milena das Elternhaus verlassen hatte. Solange sie dort lebte, reagierte sie auf Druck mit Gegendruck, auf Gewalt mit Trotz.

Nach der Volksschule ging sie auf die ”Minerva“. Das bedeutete damals nicht nur Schulbildung. ”Minerva“ war ein Begriff, und die Schülerinnen dieses Gymnasiums sollten die Elite unter den zukünftigen gebildeten Frauen

Milena Jesenská im Alter von dreizehn Jahren am Ufer der Moldau

sein. Gleichzeitig war es eine Keimzelle für Emanzipationsbestrebungen, von denen Milena viel später – als ihr auch die elementarste menschliche Freiheit in Ravensbrück genommen war – sagte: ”Das also ist das Ergebnis der ganzen Emanzipation, um die wir damals so viel Geschrei und Krawall gemacht haben!“

Auf der ”Minerva“ lernte Milena eine Reihe von Mädchen kennen, mit denen sie bis ins Erwachsenenalter in Verbindung blieb. Es waren nicht nur Mitschülerinnen mit ähnlichen Interessen und ähnlichen Schwierigkeiten – fast alle bedrückte die Last der familiären Erziehung, die aus ihnen das berüchtigte Püppchen zum Vorzeigen machen wollte, um des besseren Eindrucks willen mit Bildung geschmückt –, Milena war auch in einem Alter, in dem man leicht Freundschaften schließt, weil das der Mensch braucht. Zu alledem hatte sie einen ungestümen, leicht erregbaren Charakter, und ohne Beziehungen zu anderen Menschen konnte sie einfach nicht leben.

Milena liebte und verehrte zu dieser Zeit außer einigen Mitschülerinnen vornehmlich Sänger, Schauspieler und Schauspielerinnen und bewunderte sie mit strahlenden Augen im Zuschauerraum. Sie besuchte alle ihre Vorstellungen und wartete mit Blumensträußchen, die sie von ihrem Taschengeld gekauft hatte, am Bühneneingang.

Einmal gelang es ihr tatsächlich, bis zur Wohnung eines Idols vorzudringen, einer Diva, die seinerzeit von der ganzen ”Minerva“ vergöttert wurde. Es war im Frühling, die Kastanien blühten, an den Ecken standen alte Weiber mit Strohkörben und boten die ersten kümmerlichen Veilchen und Märzenbecher feil. Milena kaufte gleich mehrere Sträuße – niemals konnte sie anders geben als mit vollen Händen – und läutete entschlossen an der Wohnungstür. Sie wurde weit freundlicher empfangen, als sie gehofft hatte, und hereingebeten. Das Stubenmädchen mit Häubchen und weißem Schürzchen brachte gespritzten Wein in schmalen Kristallgläsern, und die Gastgeberin, die sie mit "Mädel" anredete, erzählte ihr nicht nur Kulissenklatsch, sondern fragte sogar nach ihrem Leben und ihren Interessen.

"Hat sie auch schon eine Freundin, Mädel?"

Milena traute sich nicht zu antworten. Schüchtern war sie nicht. Aber die Bewunderung hatte ihr fast die Sprache verschlagen. Sie stotterte nur, daß sie eine habe, und himmelte ihr Idol an.

"Und ist ihre Freundin hübsch?"

Milena nickte. Staša Procházková war hübsch.

"Aber so hübsche Wänglein wie sie hat ihre Freundin sicher nicht!"

Milena war leicht bestürzt. Sie hatte nicht den Eindruck, hübsche Wänglein zu haben. Vielleicht wünschte sie das gar nicht unbedingt.

"Sie weiß doch, daß sie ein entzückendes Mädel ist?"

Die Stimme der Schauspielerin zitterte unmerklich, aber Milena wußte immer noch nicht, worum es eigentlich ging.

"Ich? Das wohl wirklich nicht, gnädige Frau!" verwahrte sie sich.

"Aber ja, Mädel, gewiß doch, hat ihr das noch niemand gesagt? Hat ihr das ihre Freundin niemals zugeflüstert?"

Die Atmosphäre im Raum wurde gespannt, und Milena begriff endlich, was los war. Sie begann sich zu fürchten, besaß aber immer noch nicht den Mut, aufzustehen und fortzulaufen, die Achtung vor der Diva war größer als die Furcht. Sie saß auf dem Stuhlrand, fingerte an den Ärmeln herum und wußte nicht ein noch aus.

Erst als die große Diva versuchte, sie zu küssen, schrie sie auf und floh kopflos ... Beleidigt, geschmäht, weil sie der eigenen Eitelkeit so aufgesessen war, schluchzend vor Abscheu und Erniedrigung.

Diese Geschichte erzählte sie mir, nachdem über dreißig Jahre vergangen waren, und immer noch war in ihr ein Fünkchen Haß auf die längst verstorbene lesbische Schauspielerin.

Die schwerkranke Frau Jesenská starb langsam und qualvoll. Die letzte Zeit war gleichermaßen schlimm für sie wie für ihre Umgebung. Endlich nahte der Tod, am Bett saßen drei Menschen, Milena, ihr Vater und der Arzt, und alle drei wußten, daß es sich nur noch um Minuten handelte.

Aber das menschliche Leben muß bis zur letztmöglichen Sekunde erhalten werden, so lautet das Gesetz, dem ein Arzt verpflichtet ist. Als die Kranke das Bewußtsein verlor, versuchte der Arzt, sie mit einer Spritze noch einmal ins Leben zurückzurufen. Er hielt das offenbar für seine Pflicht. Milena riß ihm die Spritze aus der Hand und schleuderte sie auf den Fußboden, so daß die Scherben in alle Richtungen flogen. Die Vorstellung, die Qual auch nur um eine Minute zu verlängern, war zu schrecklich . . . Nicht nur für sie; weder der Arzt noch ihr Vater hinderten sie an ihrem Tun.

Und als schließlich das Ende kam, stellte sie mit Entsetzen fest, daß Erleichterung das einzige war, was sie noch zu empfinden vermochte. Alles andere war für lange Zeit durch die Krankheit, die Erschöpfung, die endlose Pflege ausgelöscht worden.

Das war im Jahre 1914, ein Jahr vor Milenas Matura. Und noch vor ihrem eigenen Tode, dreißig Jahre später, machte sie in Ravensbrück sich selber und den Kranken im Revier die Betten so, wie sie es gelernt hatte, als sie den wundgelegenen Körper ihrer Mutter mehrmals täglich umbettete und als jede Falte im Laken für die Kranke schmerzvoll war. Das Gedächtnis ist eine merkwürdige Sache . . .

Nach der Matura ließ der Vater Milena selbstverständlich an der Medizinischen Fakultät immatrikulieren. Wenn er schon keinen Sohn hatte, sollte wenigstens die Tochter die Familientradition fortführen. Doch Milena eignete sich für ein Medizinstudium so schlecht wie selten jemand. Sie ertrug den Blutgeruch nicht, ertrug die Leichen beim Sezieren nicht, und ich habe den Eindruck, daß sie auch lebendige Kranke nicht ertrug. Niemals vergaß sie einen Fall, den sie in der väterlichen Klinik gesehen hatte. Es war schon Krieg, und Doktor Jesenský machte nicht nur Plomben in schlechte Zähne und neue Gebisse für alternde Schönheiten. Er mußte auch Verwundete behandeln. Man hatte ihm einen Soldaten mit zerschossenem Unterkiefer gebracht. Der Mann konnte nicht sprechen, das einzige, was er stammelte, war: "Es tut weh" – und er sprach es zwar undeutlich aus, aber immerhin so, daß es verständlich war. Dieses Wort und der Ton, in dem es gesagt wurde, blieben Milena für immer im Gedächtnis.

Mitleidig, ungeduldig und überempfindlich wie Milena war, konnte sie in der Medizin mehr Schaden anrichten als Nutzen bringen. Als sie einmal beim Sezieren ohnmächtig wurde und umfiel, resignierte der alte Herr, und seine Tochter durfte dieses Studium aufgeben.

Zu der Zeit hatte Milena schon ihre erste Liebe erlebt, die beinahe noch kindlich war und die auch kindlich endete. Wie lange sie mit Jiři Foustka ging, weiß ich nicht. Eines Tages machte sie mit ihm einen Spaziergang auf den Friedhof. Es war schon Abend, die Kerzen auf den Gräbern waren angezündet, der Friedhof roch nach moderndem Laub und Herbstnebel, und Milena, von der Szenerie und dem eigenen Erwachsensein gerührt, entschloß sich, ihre Liebe zu bekennen.

"Wegen dir", begann sie hingebungsvoll – und hatte dabei ganz vergessen, daß sie diese Worte an den Sohn des Sprachforschers Břetislav Foustka richtete. Der für seine Ohren und für die damalige Zeit so mutige Umgang mit der Sprache entrüstete ihn mehr, als ihn der Inhalt der Worte interessierte.

"Es heißt nicht wegen dir, Milenka, es heißt deinetwegen!" berichtigte er sie konsterniert.

Wie lange sich die beiden danach nicht sahen, weiß ich nicht. Jedenfalls endete damit ihre Liebe, und unter welchen Umständen sie sich wieder trafen, hat mir Milena nie gesagt, und ich habe nicht danach gefragt. Damals wußte ich noch nicht, wie schwer es ist, wieder mit einem Menschen zusammenzukommen, von dem man sich einmal getrennt hat.

Als ich geboren war – oder genauer gesagt, als ich allmählich Verstand und hauptsächlich Zähne bekam, gingen wir beide zu ihm, er war der einzige Zahnarzt, vor dem Milena keine Angst hatte. Vor ihrem Vater verheimlichte sie diese Besuche strenger, als sie Untreue vor ihrem Ehemann verheimlicht hätte.

Nach dem Tode der Mutter war Doktor Jesenský für die Erziehung der Tochter zuständig. Es gelang den beiden, in ihrem Verhältnis zueinander alles zu verderben, was sich überhaupt verderben ließ. Und dabei liebten sie einander ihr Leben lang.

Der Vater war für Milena nicht nur das Schreckgespenst ihrer Kinderjahre, sondern er blieb für immer ein Mann, vor dem sie bis zu ihrem Tode Furcht empfand. Und für

Doktor Jesenský war seine Tochter bis zum Lebensende jemand, der ihm unablässig neuen Kummer bereitete. Dieser Glücksspieler, untreue Ehemann und untreue Liebhaber versuchte vergeblich, seine Tochter zu Sparsamkeit und Ehrlichkeit zu erziehen. Milena gab mit vollen Händen und sie verschenkte nicht nur, was ihr gehörte. Der alte Mann wollte sich niemals die Frage stellen, warum ihm die Erziehung seiner Tochter mißglückte. Er hielt es für einfacher, sie gehörig zu verdreschen und für eine Verbrecherin zu erklären, die ihn, den besorgten Vater, die Nerven und den guten Ruf koste. Milena brachte ihn unbekümmert um beides und um noch manches andere, oft auf eine Art und Weise, die nicht nur von bürgerlichen Gepflogenheiten abwich, sondern wahrscheinlich auch in Widerspruch zum Strafgesetzbuch stand.

Die ersten Geschichten dieser Art – das weiß ich wiederum von ihr selber, weil sie sich nicht scheute, es mir zu erzählen, obwohl ich damals erst zehn oder elf Jahre alt war –, die ersten Geschichten dieser Art sind beinahe grotesk.

Die vollen Truhen und Schränke provozierten Milena, deren Freunde weitaus ärmer mit Wäsche und Kleidung ausgestattet waren. Aber sie wußte gut, daß andere Menschen ihr unausgeprägtes Verhältnis zum Eigentum kaum teilen würden. Und so schenkte sie ihnen die Wäsche und die Socken ihres Vaters, ohne die Quelle anzugeben. Sie trugen die Sachen ohne Sorge, der Komplizenschaft an diesem Diebstahl beschuldigt zu werden.

Bis der alte Herr einmal bei einem Assistenten (oder einem Studenten, das weiß ich wirklich nicht mehr genau) seine Socken an einem ausgefallenen dandyhaften Muster wiedererkannte, das damals in Prag nicht allgemein üblich war. Wenn Milena schon gab, so gab sie das Beste, darin war sie großzügig . . .

Doktor Jesenský war stolz darauf, daß er sich nicht leicht aus der Ruhe bringen ließ. Es gehörte übrigens zu einem vollkommenen Dandy, sich nicht aufzuregen. Außerdem besaß er auch einen Sinn für Humor. Als er festgestellt hatte, daß die Socken zweifelsfrei aus seinen Vorräten stammten, erriet er leicht, auf welchem Wege sie aus dem Hause gelangt waren.

"Herr Kollege, was Sie mit meiner Tochter haben, ist mir nicht bekannt, weil es niemand für passend erachtet hat, mich darüber zu unterrichten. Aber ich wäre Ihnen dankbar, wenn Sie mit meinen Socken ebenso diskret umgingen, damit mir ihr Verschwinden verborgen bleibt, wie mir Ihr Verhältnis zu meiner Tochter verborgen geblieben ist!" sagte er zu dem Betreffenden zwar nicht allzu freundlich, aber ohne zu schreien. Das hob er sich für Milena auf.

Übrigens sammelte Doktor Jesenský nicht nur stoßweise Wäsche und schränkeweise Kleidung. Ein Schubfach seines großen Schreibtischs war voller Goldmünzen. Sie waren genau gezählt, und seiner Tochter hatte er das auch mitgeteilt.

"Ich weiß genau, wie viele es sind, und ich hoffe, wir verstehen uns!"

Sie hatten sich nicht verstanden. Milena achtete zwar auf die Anzahl der Münzen, aber tauschte alle goldenen Zwanzigkronenstücke in Zehnkronenstücke um. Sie hatte so viele Ausgaben, es gab so viele Menschen, denen sie etwas kaufen mußte, worüber sie sich freuen würden, es gab so viele Dinge, die andere Leute nach Milenas Meinung nötig brauchten oder selber nötig zu brauchen glaubten . . .

Es war Krieg, und Doktor Jesenský gehörte zu den wenigen, die eine volle Speisekammer hatten, er besaß nicht nur Vorräte an Lebensmitteln, sondern auch an anderen Dingen, die damals kostbar waren. Fässer mit Seife, Schachteln mit Schuhkrem, das alles war im Haushalt vorhanden und reichte bis Kriegsende, ja noch für die ersten Nachkriegsjahre. Vielleicht hatte ihn die Armut, die er erlebt hatte, zum Anlegen so gründlicher Vorräte bewogen, vielleicht war es nur die Angst vor dem Mangel der Kriegsjahre, Doktor Jesenský litt wirklich während des ganzen Krieges keine Not.

Anderen erging es schlechter. Und so trug Milena unter der Kleidung Mehltüten und Seifenstücke zu ihren Freunden. Bis einmal – wieder hatte sie die Quelle nicht angegeben – jemand dem alten Herrn begegnete und ihn mit Dank überschüttete. Das gab ein Donnerwetter, der Vater zürnte ihr wieder – aber diesmal hatte Milena das Gefühl, ihr sei Unrecht geschehen, und sie verzieh ihrem Vater niemals diese Hamstergier, mit der er seine Vorräte hütete.

Sie gab und nahm mit der gleichen Souveränität. Niemals war es für sie ein Problem, Geld aufzutreiben, und niemals überlegte sie, bevor sie es ausgab. Und wie die meisten Eigenschaften, die sie erworben hatte oder die sich – soweit sie angeboren waren – in dieser Zeit vertieften, behielt sie auch diese bis zu ihrem Tode.

Milenas Jungmädchenzeit endet jäh, als sie die Bekanntschaft von Ernst Pollak macht. Sie lernt ihn im "Arco" kennen, in diesem Kaffeehaus treffen sich Literaten und Leute, die schreiben möchten oder wenigstens Literaten kennenlernen möchten. Solche Menschen gibt es auf der Erde seit jeher im Übermaß, daran wäre nichts Außergewöhnliches. Im "Arco" sitzt jedoch eine ganz besondere Gruppe, die nicht ihresgleichen hat, weder bei uns noch – soviel ich weiß – irgendwo auf der Welt: eine Gruppe von Literaten jüdischer Herkunft, die aus Böhmen stammen und deutsch schreiben.

Milena weiß zu der Zeit wohl selber noch nicht, daß sie einmal schreiben wird. Vielleicht ahnt sie gar nicht, daß eine Zeit kommen wird, wo sie ebenso im Kaffeehaus vor einem Blatt Papier sitzt und ihre Gedanken aufschreibt. Vorläufig sitzt sie nur bei den Literaten am Tisch und hört ihnen zu. Sie liest daheim das, worüber sie sprechen, und denkt an Probleme, die sie behandeln. Nicht nur Format und Intellekt erheben diese Männer über alles Lokale, auch ihre Herkunft und ihre Stellung.

Ernst Pollak ist einer von ihnen. Sein Wort hat hier Gewicht. Er selber schreibt nicht. Trotzdem – oder ein bißchen gerade deshalb – wird er hier geehrt und geachtet. Sein Urteil gilt für alle. Seiner Ansicht ordnen sie gern die eigene abweichende Meinung unter.

Und dieser Ernst verguckt sich in Milena. Er hat nur für sie Augen. Sobald sie im Kaffeehaus erscheint, lebt er auf, ist er lieb, umgänglich und freundlich. Er hört ihr ebenso aufmerksam zu wie einem reifen Manne. Er versucht sie zu betören. Das versteht er gut. Milena läßt sich leicht betören. Es betört sie alles zusammen: seine Bewunderung für sie und die eigene Bewunderung für ihn, seine schmeichelhafte Aufmerksamkeit und die Aufmerksamkeit, mit der er ihren Worten lauscht, und die Begeisterung über die Worte, die sie von ihm hört. Daraus entsteht Liebe, eine große, gewaltige Liebe, die zu der Zeit noch beiderseitig ist.

Und zu Hause ist der Vater, ein verbohrter Chauvinist und Antisemit, für den jeder Deutsche ein Feind, Jude ein Schimpfwort und die Beziehung seiner Tochter zu Ernst Pollak eine Katastrophe ist.

Jetzt wäre es sehr leicht, Milenas Starrköpfigkeit und Ungehorsam damit zu entschuldigen, daß sie von ihrem

Vater bis zu dieser Zeit wenig Gutes erfahren hat. Ihre Unlust, die Meinung des Vaters zu respektieren – oder auch nur zu begreifen, welch ein Schlag für ihn ihre Liebe zu Ernst ist –, durch sein Verhalten der Tochter gegenüber zu erklären. Oder sogar die Beziehung zu Ernst direkt mit Trotz gegen den despotischen Vater zu begründen, der seit jeher darauf besteht, daß sein Wort in der Familie als Gesetz gilt.

Die Wahrheit ist weitaus einfacher, wie das mit der Wahrheit meist zu sein pflegt. Der Vater interessierte Milena einfach nicht mehr. In Ernst verliebt, vermochte sie nicht daran zu denken, welche Gefühle ihr Vater hatte. Sein Chauvinismus war für Milena nur eine Barriere, die den Kontakt zu ihrem Geliebten versperrte. Der Antisemitismus, über den sie bisher kaum nachgedacht hatte, wurde gefährlich, weil er sie daran hinderte, sich mit Ernst zu treffen. Und der Vater war vornehmlich ein Feind, dem sie erst jetzt Mangel an Liebe und Verständnis vorwarf.

Ernst beanspruchte alle ihre Gedanken und ihre gesamte Zeit. Milena überschüttete ihn mit ihrer phantastischen, leidenschaftlichen Liebe, so daß er darunter kaum atmen konnte. Sie wollte alles mit ihm teilen und wünschte, daß er alles mit ihr teilte. Wenn ihr ein Sonnenaufgang gefiel, mußte ihn auch Ernst sehen, ohne Rücksicht darauf, daß für diesen Kaffeehausjuden das frühe Aufstehen eine Marter war und die Natur eine der Plagen, mit denen ihn der Herrgott strafte. Verdrossen zog er mit Milena zu dem Berg, auf dem sie gemeinsam beobachten sollten, wie die rote Kugel am Horizont aufsteigt, keuchend und wütend begleitete er sie auf dem steilen Pfad zum Gipfel und brummte etwas von überspannten Fräulein und von Unsinn, mit dem die "Minerva" und die romantische Literatur ihr Hirn verseucht hätten.

Milena war verliebt, und so verzieh sie ihm auch das, was sie keinem anderen verziehen hätte. Allerdings war sie niemals bereit, sich jemandem oder etwas unterzuordnen.

Zu der Zeit hatte sie schon den Schlüssel zu Ernsts Zimmer. Einmal plünderte sie den Stromovka-Park und machte aus dem nüchternen Raum, in dem Ernst lebte, einen Blumenladen. Sie war überzeugt, daß die Begeisterung ihres Geliebten keine Grenzen kennen würde. Ungeduldig wartete sie, und als Ernst schon heimgekommen sein mußte, rief sie ihn an und fragte gerührt, wie ihm die Blumen gefielen.

"Ich habe noch gar nicht bemerkt, daß hier welche sind, Milenka. Verzeih mir, ich bin ein bißchen in Gedanken . . ."

Vielleicht war das die Wahrheit, vielleicht war es nur das Bemühen, sich dieser bedrückenden und übertriebenen Fürsorge zu entledigen, das ist heute schwer zu sagen. Milena verzieh ihm auch das.

Schließlich wurde Milena schwanger. 1937 erzählte sie mir das mit leichter Wehmut und fragte: "Du könntest einen zwanzigjährigen Bruder haben, würdest du das wollen?" Ich wollte es nicht, denn ich konnte mir mit meinen zehn Jahren nicht gut vorstellen, wo in diesem merkwürdigen Haushalt noch ein Bruder Platz gehabt hätte. Ohnehin fragten mich Nachbarn und Nachbarinnen mit vielsagendem Lächeln, wie es möglich sei, daß meine Mutter Jesenská, mein Vater Klinger und ich Krejcarová hießen. Ich wußte nicht, warum ich um jeden Preis wünschen sollte, daß sie mich noch fragten, weshalb mein Bruder Pollak heiße.

Als Milena schwanger war, gelang es, Hilfe zu finden. Ich weiß nicht, ob es eine Hebamme oder ein Arzt war, und mir ist auch nicht bekannt, von welchem Zeitpunkt an Milenas Vater die Hände im Spiel hatte. Jedenfalls erfuhr er von der Abtreibung und assistierte bei den letzten Phasen. Er saß bei ihr, hielt ihre Hand und erzählte ihr das Märchen vom Schäferhund, der über eine Brücke geht, und hinter ihm ein Schäfchen, danach das zweite – dieses Märchen hat kein Ende, weil eine endlose Reihe von Schäfchen über die schmale Brücke geht. Die beruhigende Stimme und eine Dosis Morphium bewirkten, daß Milena, von der Abtreibung und dem Blutverlust entkräftet, einschlief.

Als sie genas und auch die Sehnsucht nach Ernst wieder stark wurde, war die Geduld des Vaters erschöpft. Er hatte schließlich manches verkraften müssen: Falsche Wechsel, woraus eine Affäre entstand, die er nur mit Mühe vertuschen konnte. Die entsetzte Reaktion der Prager feinen Leute und der Kollegen, die gesehen hatten, wie seine Tochter mit einem Juden untergehakt durch die Stadt spazierte. Milenas heimliches Verschwinden bei Tag und Nacht. Ihren Selbstmordversuch, zu dem sie noch Morphium aus seiner Praxis benutzt hatte. Das alles hatte er verkraftet, wenn auch schwer und widerwillig. Aber einen Halbjuden als Nachkommen seines Blutes, auf das er sich so viel zugute hielt, das überstieg die Grenze des Erträglichen. Und solange seine Tochter zu Hause war, gab es keine Garantie, daß sich die Geschichte nicht wiederholen würde.

Er brachte Milena deshalb im Juni 1917 in ein Sanatorium für Geisteskranke nach Veleslavín, wozu er als Vater und Arzt die Vollmacht besaß.

Damit tat er nichts, was sein Gewissen belastet hätte. Er war nicht nur davon überzeugt, daß der Schutz seiner Tochter vor dem verrückten Juden, der sie mit seiner lüsternen Liebe beinahe für immer an sich gefesselt hatte, in ihrem eigenen Interesse lag. Darüber hinaus glaubte er anfänglich auch, ihm wäre das Schlimmste widerfahren, was ihm widerfahren konnte: daß seine Tochter geisteskrank sei. Denn eine andere Erklärung für ihr Handeln konnte er nicht finden, so sehr er sich auch darum bemühte . . .

Milena hatte bei ihrem Vater nicht viel Freiheit genossen. Sie hatte jedoch Gelegenheiten zum Fliehen gefunden. Doktor Jesenský hatte genügend eigene Interessen, er konnte nicht jeden Schritt seiner Tochter bewachen. Er wußte nur, daß alles, was sie unternahm, garantiert gegen seine Anordnungen verstieß, aber verhindern konnte er es nicht.

In Veleslavín erging es Milena in dieser Hinsicht schlechter. Es dauerte ziemlich lange, bis sie einen Weg nach draußen fand. Bis sie das Herz einer Pflegerin gewann, die schließlich von Milenas Verzweiflung gerührt war, da sie selber romantische Vorstellungen von der Liebe hegte. Sie gab Milena den Schlüssel zum Gartentor, damit sie sich wieder mit Ernst treffen konnte.

Bis zu dieser Zeit hatten Milenas Freundinnen aus der "Minerva" Ernsts Schwelle gehütet. Sie verfolgten Ernst überall. Die Geschichte dieser Liebe entsprach all ihren Wunschträumen. Sie hielten zu Milena und waren entschlossen, dafür zu sorgen, daß Ernst treu blieb. Wie lange ihnen das glückte, weiß ich nicht, später, als Milena Ernst näher kannte, zweifelte sie sehr an seiner Treue zu jener Zeit. Auf jeden Fall gelang es den Mädchen, seinen Ruf zu schädigen. Der arme Kerl – von emanzipierten Vestalinnen bewacht – wurde für einen Wüstling, Schürzenjäger und Windbeutel gehalten, vor dessen Wohnung jeden Tag ein anderes Frauenzimmer wartet. Die ergebenen Minervistinnen wechselten sich nämlich bei ihrem Dienst ab.

Sobald Milena die Mauern der Anstalt verlassen hatte, rannte sie verständlicherweise geradewegs zu Ernst. Und die Geschichte begann von neuem. Bevor der alte Herr erfuhr, was geschehen war, hatten es die beiden geschafft, die verstummten Gerüchte neu zu entfachen und die Prager besseren Familien gegen sich aufzubringen, und als Milena im März 1918 Veleslavín verließ, war für Doktor Jesenský nicht mehr viel zu retten. Milena wurde in diesem Jahr volljährig, er konnte ihr allein dadurch die Heirat verwehren, daß er sie für unzurechnungsfähig erklären ließ, und davor scheute er sich. Ich glaube nicht, daß ihn Rücksicht auf die Tochter daran hinderte, es ist weitaus wahrscheinlicher, daß er die mitleidigen Blicke, mit denen ihn die Umgebung bedachte, nicht mehr ertrug und daß er es überdrüssig war, ständig zu hören: "Die arme Milenka, sie ist also in der Anstalt!" und "Nehmen Sie's nicht zu schwer, Herr Doktor, das kann sich mit der Zeit bessern."

Es half nichts, seine Tochter würde sich nicht ändern, davon hatte er sich ausreichend überzeugt, und so willigte er schließlich ein, daß sich Milena mit Ernst verlobte. Er stellte jedoch Bedingungen und stellte sie sehr kategorisch. Vor allem mußten die Jungvermählten in Wien leben, weitere Schande sollten sie ihm in Prag nicht machen. Und außerdem durften sie sich bis zur Hochzeit nur in Gegenwart seiner Schwester sehen, sich nirgendwo heimlich treffen, und wehe, wenn er erfahre, daß sie das Verbot übertreten hätten. Sofern das geschehe, enterbe er Milena, sie bekomme keine Aussteuer, und von einer Mitgift könne schon gar keine Rede sein.

Milena war froh, endlich eine Art Aussöhnung mit dem Vater erreicht zu haben, außerdem war die Tatsache, daß sie nach der Hochzeit nicht völlig mittellos dastehen würde, nicht zu unterschätzen. Sie gehorchte also und traf sich die drei Monate bis zur Hochzeit mit Ernst nur bei ihrer Tante Mařena Foerstrová.

Milena Jesenská mit einundzwanzig Jahren

Diese Tante Mařena habe ich noch kennengelernt. Sie war eine zauberhafte alte Dame, die ihrem Bruder in fast gar nichts ähnelte, vor allem teilte sie seine rückständigen Ansichten nicht. Sie heiratete einen Bruder des Musikers J.B. Foerster, verwitwete jedoch frühzeitig. Ihr Mann hatte Mosaiken gemacht, und er hinterließ in seinem Atelier eines unfertig. Mařena setzte sich hin und vollendete es – ein bißchen aus Bedauern, weil es schade darum war, ein bißchen, um ihre Trauer zu vergessen. Danach schuf sie ein zweites und ein drittes, und als ich sie kennenlernte, arbeitete sie schon nach Entwürfen Karel Svolinskýs an Mosaiken für den St. Veitsdom und die St. Georgskirche – die Jesenskýs zeichneten sich durch ziemlich große Zähigkeit aus. Obendrein hieß es einst von dieser Tante, sie wolle in die Kommunistische Partei eintreten – Tante Mařena war also in jeder Hinsicht einfach vortrefflich und zudem noch fortschrittlich.

Trotz all dieser Eigenschaften fürchtete sie jedoch ihren Bruder, und die Aufgabe, die er ihr anvertraut hatte, erfüllte sie gewissenhaft und gründlich. Zweimal in der Woche buk sie Anisplätzchen, brühte Tee und setzte sich mit den Verlobten an ihren Paradetisch. An der einen Seite saß Milena, an der anderen Ernst, und es half nichts, daß sie teils der Tante, teils einander beredsame Blicke zuwarfen. Tante Mařena entfernte sich nur genau so lange, wie ihrer Ansicht nach ein Verlobungskuß dauern durfte.

Milena war wütend, Ernst wohl ebenfalls, Tante Mařena war lieb und freundlich, aber unerbittlich.

Und so sah man in der Hradčanská ulice, in einem Zimmer mit Ausblick zum Petřin, nach allem, was geschen war – nach Abtreibung und mehrfachem Zusammensein – eine altmodische Idylle, gegen die es keinen Einspruch gab.

Die jungen Eheleute zogen tatsächlich nach Wien, wie es Doktor Jesenský gewünscht hatte. Der Anfang war nicht schlimm, Milena bekam eine recht anständige Aussteuer, und sie fuhr nicht mit leeren Händen. Aber die Mitgift war bald vertan. Ernst brauchte manches, seine Freunde ebenfalls, und Milena war großzügig und schenkte gern. Außerdem gab Milena das Geld auch unbedacht für sich und für den Haushalt aus, und als es nicht mehr reichte, wurde die Aussteuer Stück für Stück versetzt.

Ernst berührten die häuslichen Schwierigkeiten wenig. Die meiste Zeit verbrachte er im Kaffeehaus, Ansprüche hatte er eigentlich keine, und das, womit ihn Milena überhäufte, hielt er für Kapricen und Launen, keineswegs für Notwendigkeiten. Eine Notwendigkeit waren für ihn die Wiener Freunde. Franz Werfel, der kurz vor ihnen nach Wien gekommen war, und eine ganze Reihe anderer, die schon in Wien lebten oder noch hierher kamen.

Milena erging es etwas anders. Sie gewöhnte sich nicht an Wien, auch wenn sie die Stadt mochte. Aber heimisch fühlte sie sich nie. Ernst war Jude, er lebte sich schnell überall ein. Lange Zeit verbrachte seine Familie nicht im Vaterland, und er mußte sich akklimatisieren. Milena hingegen brauchte die Heimat. Sie war in Wien nicht zu Hause, und sie war nicht gern dort.

Als sie auf irgendeine Weise Geld für den Haushalt auftreiben mußte, gab sie Tschechischunterricht in Schulen, auch Privatstunden. In Jugendstilzimmern unterrichtete sie Fräulein aus besseren Familien, entzückte sie mit ihrem unbesiegbaren Humor und hauptsächlich durch die Art und Weise, in der sie mit ihnen umging. Sie wollte keine Autorität sein, verlangte keinen sinnlosen Gehorsam, wie das die meisten anderen Lehrer taten. Ihre Stunden in der Schule unterschieden sich von den anderen. Beim Tschechischunterricht saßen die Schülerinnen auf den Bänken und ums Katheder, unterhielten sich mit der Lehrerin, redeten über alles mögliche und merkten nicht einmal, daß sie dabei lernten.

Die jungen Damen waren begeistert, Frau Milena war emanzipiert, und alle waren Freunde. Schlimm war jedoch, daß die jungen Damen dabei satt waren, während Frau Milenas Magen Halleluja sang, und da half die aufrichtigste Begeisterung und Freundschaft ihrer Schülerinnen nichts.

Schließlich trug sie auch noch Koffer auf dem Bahnhof.

Ernst hatte sich seine Ehe etwas anders vorgestellt. Die müde, abgerackerte Milena hatte nicht mehr genügend Zeit, um ihn mit Bewunderung zu überschütten, und außerdem sah er um sich herum frische, bezaubernde und weitaus besser gekleidete Frauen. Er nahm seine Lebensphilosophie und Milenas Emanzipiertheit zu Hilfe und verlangte die Duldung seiner Untreue. Milena gab ihm die Freiheit, zum einen liebte sie ihn immer noch sehr, zum anderen schien ihr das der einzige Weg zu sein, der einer modernen Frau würdig wäre. Ernst ließ also in die gemeinsame Wohnung seine Geliebte einziehen, die nicht allzu kluge, dafür aber sehr schöne und sich mondän kleidende Mitzi Beer, und sie lebten zu dritt zusammen.

Die kapriziöse, dumme Mitzi paßte ausgezeichnet zu Ernst, mit ihr hatte er weniger Kummer als mit Milena, sie war zwar nicht klug, belastete ihn jedoch auch mit nichts. Letztendlich wollte er aus dem Bett niemals ein philosophisches Problem machen, für geistige Interessen hatte er das Kaffeehaus und seine Freunde. Mit einer dummen Frau konnte er besser auskommen als mit einer klugen.

Milena geriet in eine ausweglose Lage. Sie war schrecklich eifersüchtig, ließ sich das aber nicht anmerken, da sie doch als großzügige und emanzipierte Frau selber die Untreue erlaubt hatte. Sie verfiel, die Not verwandelte sich in Elend, die Einsamkeit in Verlassenheit, und der Schmerz in dumpfes Grauen.

Und aus diesem Grauen, aus der materiellen Not und aus der Verlassenheit heraus erwuchs eines Tages der erste literarische Versuch.

Es waren nur kleine Übersetzungen und zwei oder drei Feuilletons für die *Tribuna*, die Milena an Staša Jílovská schickte. Die Antwort erwartete sie jedoch mit ungewohnter Spannung. Ein bißchen freute sie sich darauf, ein bißchen fürchtete sie sich – und sicherheitshalber sagte sie Ernst nichts davon. Was, wenn man ihr die Artikel zurückschickte und schriebe, sie seien nicht geeignet und miserabel, und sie solle das Schreiben lieber lassen . . .

Sie selber hielt ihre Versuche für schlecht – es war ihr nicht gelungen, das auszudrücken, was sie wollte, und die Artikel schienen ihr sentimental und naiv.

Ziemlich lange kam keine Antwort. Milena unterrichtete, trug Koffer und stritt sich zu Hause mit Ernst – wie üblich. Bis sie endlich einen Brief aus Prag erhielt: Die Artikel eigneten sich, sie solle weitere schicken, und die Übersetzungen würden ebenfalls gedruckt. Milena war stolz wie noch nie. Das erste Honorar und ihr Name in der Zeitung verliehen ihr ein bisher unbekanntes Selbstgefühl. Das Exemplar mit ihrem Feuilleton hatte sie sogleich ihrem Vater geschickt. Er antwortete nicht. Aber sie wußte, daß er ebenfalls stolz war. Davon war sie überzeugt, sie brauchte nicht zu warten, bis er ihr das bestätigte.

Selbstverständlich gab sie weiterhin Stunden und trug Koffer, sie konnte keine Krone von ihren Einkünften entbehren. Die wenigen Feuilletons, die in der *Tribuna* erschienen, waren jedoch der Anfang ihres Berufes. Erst jetzt war Milena endgültig erwachsen. Ihre Persönlichkeit und ihr Charakter hatten sich geformt, und viel veränderte sich nicht mehr bis zu ihrer letzten Stunde. Alles, was nach dieser Zeit kam, hing mit den Jahren vor ihrem ersten Schreibversuch zusammen – und es ist kein Zufall, daß es ein Zeitungsartikel war, kein Gedicht und keine Erzählung.

Sie hatte ihren Beruf mit geradezu hellseherischer Sicherheit gewählt, ganz unbeirrt hatte sie gleich anfangs das Richtige erkannt. Denn das Journalistische entsprach ihr in jeder Hinsicht. Milena brauchte den unmittelbaren Kontakt zum Leser, und sie mußte aktiv in die Geschehnisse eingreifen. Außerdem hätte sie niemals den Atem zu umfangreicher Prosa besessen. Sie drückte sich lieber auf wenigen Seiten aus.

Sie wählte also in jenen Wiener Tagen ihren Beruf und blieb ihm treu. Er machte sie mit Kafka bekannt, er war jahrelang mitbestimmend für ihr Schicksal, und schließlich war dieser Beruf eigentlich die Ursache für ihren frühen Tod. Der Beruf war ein Teil von ihr. Einen anderen Beruf hätte sie gar nicht wählen können.

II

Milena Jesenská

Das Kaffeehaus

Das menschliche Bedürfnis nach Gemeinschaft, nach einem neutralen Ort für Gespräche ist alt wie die Welt. Einzelgänger waren seit jeher Sonderlinge, und sie bleiben es. Übrigens schließen der Hang zur Einsamkeit und das Bedürfnis nach Gesellschaft einander nicht so völlig aus, wie es scheint; es gibt Menschen, die nur in lebhafter Umgebung, bei Lärm, in den sich verändernden Kulissen einer frequentierten Straße denken und geistig arbeiten können und gedankenverloren durch die größte Menschenansammlung schreiten. Andere sitzen täglich mit Leuten zusammen und unterhalten sich, ohne über sich, über ihr Privatleben ein Wort zu sagen. Sie sind also Einzelgänger in Gesellschaft. Es gibt Menschen, die stundenlang melancholisch an einer Straßenecke stehen und die Menschenströme beobachten, während wieder andere abends stundenlang in einem Kaffeehaus sitzen, ohne sich mit jemandem bekannt zu machen, ohne einen zusammenhängenden Satz zu reden. Es gibt unterschiedliche Einzelgänger – aber von ihnen möchte ich heute nicht erzählen, ich will damit nur sagen, daß auch ein Einzel-

gänger Gesellschaft braucht, wenn nicht das Zentrum, dann die Peripherie, zumindest den Anblick von Menschen.

Menschen trafen sich auf dem Forum, begegneten sich in Klöstern, kamen in Salons zusammen. Heute gibt es kein Forum, keine Klöster mit dieser Funktion, auch keine Salons dieser Art. Heute gibt es Kaffeehäuser. Ich denke nicht an die artigen Kaffeehäuser, wohin Mütter am Sonntagnachmittag ihre Töchterchen ausführen, um Schokolade zu trinken und Kuchen zu essen. Ich meine auch nicht Lokale, die am Tage müde, dämmrig und verschlafen aussehen und abends mit einer Kapelle, angemalten Mädchen und Glücksrittern zum Leben erwachen und ein rotes Lämpchen heraushängen.

Ich denke an die ausgesprochen ”literarischen“ Kaffeehäuser, berühmte, stadtbekannte Kaffeehäuser, Treffpunkte der geistigen Welt und der Boheme wie die Prager ”Unionka“, das Wiener ”Central“, das Berliner ”Café des Westens“, das Pariser ”Montmartre“. Kaffeehäuser mit einer ganz besonderen Atmosphäre, nur von jemandem zu begreifen, der sie genau kennengelernt und ihre Luft in vollen Zügen eingeatmet hat.

Die vornehmsten Gäste sind die Großen. Sie haben schon einen Namen in der offiziellen Welt, ihre Bilder und Karikaturen hängen an den Wänden. Wenn sie anwesend sind, sitzen sie als Kapitalisten des Geistes am Tisch, und nur sehr wenigen ist es gestattet, sich zu ihnen zu setzen. Sie sind übrigens seltene Gäste. Merkwürdig, sobald ein Mensch irgendwo abgesichert ist, finanziell, gesellschaftlich oder geistig, sobald er irgendwo so fest verankert ist, daß er voraussetzen kann, dort bis zu seinem Tode zu bleiben, ist die Boheme für ihn beinahe etwas Verachtenswertes, und obwohl er bestimmt selbst aus ihr hervorgegangen ist oder zeitweilig dort gelebt hat, *hält er sie für etwas Unwürdiges – einfach, mit einem Wort: er verbürgerlicht. Die gewohnte Einteilung – auf der einen Seite der Bürger, auf der anderen der Revolutionär – stimmt nicht ganz. Von einem bestimmten Punkt an verbürgerlicht auch der Revolutionär (denn Bürger und Revolutionär sind rein geistige und seelische Begriffe), und selbst wenn er sein Leben lang Mitglied einer radikalen Partei bleibt und für radikale Blätter schreibt, wird er doch ein Bürger im Leben und in seiner Seele. Statt die Menschen in Revolutionäre und Bürger einzuteilen, sollte man eher bestimmte Lebensabschnitte als revolutionär oder bürgerlich bezeichnen, freilich unabhängig vom Alter des einzelnen, solange ein Mensch eine neue Idee verficht, solange er einen neuen Gedanken hat, ist er ein Revolutionär. Wenn er nur noch aus diesem Gedanken schöpft, den er einmal hatte (und jeder wirklich große Mensch hat nur einen* einzigen Gedanken, *wer mehr hat, hat keine, wenigstens keine eigenen), wenn er sich schon ausgegeben hat und höchstens die Form vervollkommnet – von der Zeit an ist er ein Bürger. Er ist kein Vorkämpfer mehr, sondern ein Besitzer, der spart und verfettet. Man kann auch geistig verfetten.*

Nun, das sind die seltenen Gäste, die Ehrengäste der Kaffeehaustische, Ehrengäste und undankbare Zöglinge. Sie alle haben heute eine Villa außerhalb der Stadt oder einen wohlwollenden Verleger, einen offenstehenden Vortragssaal, einen reservierten Platz für Leitartikel im bedeutendsten Tageblatt. Alle wissen, wohin sie sich wenden können, und das Kaffeehaus als Zufluchtsort brauchen sie nicht.

Die eigentliche Grundlage, der Geist des Kaffeehauses ist die Schar der Journalisten von allen möglichen Zeitschriften, berühmten, weniger berühmten und vollkommen unberühmten. Die Schar der Literaten, die ihre er-

sten Gedichte in der Brusttasche tragen und hier und dort vorlesen, wenn sich eine Gelegenheit bietet. Und diejenigen, die schon etwas veröffentlicht haben, denen es halbwegs gutgeht, die auf dem besten Wege sind, Kapitalisten des Geistes zu werden. Aber hauptsächlich: die Schar der Schiffbrüchigen, merkwürdigste Gestalten mit rätselhafter Existenz, Menschen, die niemals irgendwohin gelangen und niemals etwas vollbringen werden, heldenhaft resignierte und stille Melancholiker, von denen die Welt nichts weiß und niemals etwas erfahren wird. Manchmal sind in diesen Schichten die eigentlichen Genies verborgen, die Träger und Schöpfer einer Idee, Menschen, die nur keine Kraft besitzen, diese Idee in eine Form zu kleiden. Meist sind es jedoch gespensterhafte Wesen wie Dostojewskis General Swolgin und Korolenkos Ex-Beamter Wojkow und alle diejenigen, mit denen sich die russische Literatur so gutmütig und humorvoll befaßt und von denen unsere Literatur nicht viel wissen will, obwohl wir ihnen überall begegnen.

Einzelne Typen dieses Milieus würden zwanzig Artikel beanspruchen und Stoff für zwanzig Romane bieten. Um diese geht es nicht. Am seltsamsten ist das Leben innerhalb des Kaffeehauses: Besitzer, Ober, Kellner, Pikkolos einschließlich Garderoben- und Toilettenfrau, diese ganze Gemeinde, ihre Gesetze, ihr Jargon, das ist es, was von der übrigen Welt so abgesondert ist.

Die Menschen kennen sich jahrelang, sie kennen das Leben, den Werdegang, die Erfolge, die Niederlagen der anderen; jahrelang beobachten sie einander wie Nachbarn auf einer Pawlatsche. Die Frauen, die mitgebracht werden, wandern allmählich von Tisch zu Tisch, entweder "nur so" oder als treue, untreue, geschiedene Ehefrauen. Schließlich gehören sie zum Kaffeehaus; sie verlieren ihren Familiennamen und nennen sich mit Kurzformen des Vornamens, werden zu Kameraden, büßen mit wachsender Zahl gerauchter Zigaretten und wachsender Zahl von Liebhabern ihre Weiblichkeit ein, werden staubig, langweilig, häßlich. Die letzten Jahre, als es nichts zu essen und anzuziehen gab und zu Hause nicht geheizt war, haben das Kaffeehaus in das gemeinsame Heim der Boheme verwandelt, der es während des Krieges verdammt elend ging. Einige sind auch verschwunden, sind vor Hunger, vor Erschöpfung, an Krankheiten gestorben. Einige wärmen sich weiterhin mit türkischem Kaffee. Im Kaffeehaus wird geschrieben, korrigiert, geredet. Im Kaffeehaus spielen sich alle Familienszenen ab, im Kaffeehaus wird geweint und über das Leben und auf das Leben geschimpft. Im Kaffeehaus ißt man auf Pump, im Kaffeehaus werden die halsbrecherischsten Geldtransaktionen vorgenommen. Im Kaffeehaus wird gelebt, gefaulenzt, die Zeit totgeschlagen.

Ein schöpferischer Mensch ist allein. Ein unschöpferischer sucht Zerstreuung. Er sucht Unterhaltung, die seinem Niveau entspricht: Gespräche, Literatur, wenigstens den Beigeschmack von Schöpferischem. Und wie eine infektiöse Krankheit ist auch jede geistige Atmosphäre ansteckend. Wer einmal dem faulen, schleichenden Lebenstempo dieser Kaffeehäuser verfällt, dringt selten zur Spitze vor. Freilich, freilich, das ist nicht ganz so, denn wer imstande ist, zur Spitze vorzudringen, verfällt dem Kaffeehaus nicht.

So sah also das Milieu aus, in dem Milena mit Kafka bekannt wurde. Sehr genau erinnerten sie sich nicht aneinander, Kafka schrieb gleich im zweiten Brief: "Es fällt mir ein, daß ich mich an Ihr Gesicht eigentlich in keiner bestimmten Einzelheit erinnern kann. Nur wie Sie dann zwischen den Kaffehaustischen weggiengen, Ihre Gestalt, Ihr Kleid, das sehe ich noch." *

Ihre Beziehung begann in Wirklichkeit nicht mit diesem Kennenlernen, sie begann mit Milenas Übersetzung seiner Erzählungen. Daraus entstand eine Korrespondenz, von der Kafkas Briefe heute als "Briefe an Milena" bekannt sind. Briefe, die übrigens nach Milenas Tod ohne Rücksicht darauf publiziert wurden, daß weder sie noch Kafka jemals die Veröffentlichung erlaubt hätten. Was der Herausgeber, Herr Willy Haas, behauptet, ist nämlich nicht wahr. Milena hat ihm niemals Kafkas Briefe zur freien Verfügung gegeben. Aber darauf komme ich später zurück. Vorläufig geht es nur darum, wie diese Korrespondenz entstanden ist.

Die ersten Briefe beziehen sich hauptsächlich auf Milenas Übersetzungen, es sind eher Arbeits- als Liebesbriefe, nur andeutungsweise spürt man Bewunderung und Freundschaft. Doch sehr bald schon ging es nicht mehr lediglich um Übersetzungsfragen.

Für Milena bedeuteten diese Briefe in der ersten Zeit wohl unendlich viel. Sie waren Balsam auf alle Wunden, die immer wieder eiterten – die Ehe mit Ernst, die Eifersucht, ein erniedrigendes, elendes Leben, wie sie es bisher niemals kennengelernt hatte, und die Verlassenheit, die vielleicht von allem das Schlimmste war.

Für Kafka waren die Briefe wohl – freilich auf einer anderen Ebene – etwas Ähnliches: das Herausreißen aus dem Gefühl der Einsamkeit. Ihre Liebe lebte nur in Briefen, von wenigen kurzen Begegnungen abgesehen. Kafka und Milena mußten ihre Liebe nicht mit der Wirklichkeit konfrontieren. Sie konnten sich den größten Luxus lei-

* Zitate nach: Franz Kafka, Briefe an Milena. Erweiterte und neu geordnete Ausgabe. Herausgegeben von Jürgen Born und Michael Müller, Frankfurt am Main 1983

Franz Kafka (1920)

sten, den es in der Liebe überhaupt gibt: Sie durften ganz offen zueinander sein, durften sich einander völlig zu erkennen geben. Sie riskierten nicht, was diejenigen riskieren, deren Körper ständig zusammenleben wie ihre Seelen. Sie riskierten keinen Mißbrauch. Für die körperliche Nähe erhielten sie sich als Ersatz die Sehnsucht danach. Und weil sie sich auf diese Weise wohl besser kannten, als sie sich bei einem Zusammenleben kennengelernt hätten, blieb einer für den anderen derjenige, der er sein sollte. Wenigstens anfangs.

Milena wußte von Beginn an, daß Kafka ein großer Schriftsteller ist. Sie hatte das sehr schnell erkannt, deshalb hatte sie seine Erzählungen übersetzt. Außerdem erkannte sie sehr bald seine menschliche Größe, die jedoch so anders war, die ihrer Natur so fern lag, daß sie in ihr ein wenig Angst weckte. Die Begegnung mit dem leibhaftigen Franz Kafka war keine Enttäuschung – es war nur die Begegnung mit etwas, womit sie in Wirklichkeit nicht gerechnet hatte.

Aber die erste Verzauberung half, sich über alle Schwierigkeiten hinwegzusetzen. Später schrieb sie in einem Brief an Max Brod über die Wiener Begegnung mit Frank*, als seine Krankheit verschwunden war und seine ständige Angst unter ihrem Lächeln schmolz. Es schien alles gut zu werden . . .

Doch Milenas Alltag in Wien war nicht gut. Kafka half zwar auch ein wenig mit Geld, aber das reichte nicht. Außerdem – darüber hat Milena zwar niemals mit mir gesprochen, aber soweit kannte ich sie, um mir vorstellen zu können, was das für sie bedeutete –, außerdem mußte daraus ein ganz merkwürdiger Zustand entstehen: Kafka half in jeder Hinsicht, psychisch und materiell – aber

* Milena nannte Kafka Frank (Anm. d. Übers.)

eigentlich und vornehmlich erleichterte er damit Milena die Ehe mit Ernst. Eine Ehe, deren Auflösung er wünschte, damit Milena zu ihm käme.

Milena hing jedoch so an Ernst, daß sie sich damals noch nicht von ihm trennen konnte. Die Hilfe, die ihr geboten wurde, bedeutete notwendigerweise eine Hilfe für diese Ehe. Alles andere war keine Hilfe. Und so begann sich das Karussell zu drehen . . .

Anfangs werden zwischen Wien und Meran ziemlich häufig Briefe gewechselt. Der dreizehn Jahre ältere Kafka ist im Vergleich zu Milena in vielen Dingen gelassener und geduldiger. Und so, wie ihm die Ehe mit Ernst beschrieben wird, scheint ihm, daß sich Milena keine Untreue erlauben würde.

Er schlägt ihr einen Aufenthalt auf dem Lande vor, sie könnte doch irgendwo im schönen Böhmen wohnen, wäre nicht von ihrem Ehemann abhängig, weil er, Kafka, ihr so viel Geld schicken würde, daß sie auskommen und sorgenfrei ihre Krankheit heilen könnte. In allen Briefen spürt man Sorge, Anteilnahme, das Bestreben zu helfen – und stets spürt man auch das, was Milena zu der Zeit am nötigsten braucht, nämlich Achtung und Liebe. Schon aus diesen Briefen, in denen nicht einmal das Wörtchen ”Du“ steht, ist die beginnende Liebe zu erkennen.

Milena nimmt sein Angebot nicht an, sie verläßt Ernst weder, um sich zu erholen, noch um sich von ihm zu trennen und ihr Leiden radikal und schnell zu beenden. Aber die Briefe, die das kranke Selbstbewußtsein heilen, heilen auch die Nerven – infolge der Zuneigung Kafkas wird Milena wieder schön, sie gewinnt ihre Selbstsicherheit zurück –, und allmählich interessiert sich auch ihr Ehemann wieder für sie.

Milenas psychische Situation beginnt sich zu bessern. Ihre Artikel in der *Tribuna* gefallen und finden ein Echo,

Kafkas Liebe bedeutet – trotz aller Komplikationen, die sie mit sich bringt – ein Herausreißen aus der Vereinsamung, in der sie bisher lebte, und Ernsts Interesse gibt ihr die winzige Hoffnung auf etwas, womit sie kaum noch gerechnet hat und was sie sich vorläufig kaum eingestehen will.

Die erste Begegnung mit Frank verläuft gut. Er ist feinfühlig und hat Milena gern – ihre gute Verfassung ist leicht auf ihn übertragbar. Deshalb können sie gemeinsam in den Bergen wandern, ohne zu verschnaufen, deshalb genügt nur ein Blick von ihr, und seine Angst, seine lebenslange, ewige Angst verschwindet für eine Weile. Er ist zu sehr Liebender, als daß er sich vorstellen könnte, wieviel komplizierte und widersprüchliche Gefühle dieser Freude und diesem Glück vorausgingen . . .

Aber dann folgen kleine Enttäuschungen – ich weiß nicht genau, in welcher Reihenfolge, ich weiß nur, daß sie folgen. Man muß wohl Milena kennen, um sich vorstellen zu können, was alles hinter ihrer Beschreibung steckt, die in einem Brief an Max Brod wie ein einfacher Bericht erscheint: "Waren Sie einmal mit ihm in einem Postamt? Wenn er ein Telegramm stilisiert und kopfschüttelnd ein Schalterfensterchen sucht, das ihm am besten gefällt, wenn er dann, ohne im geringsten zu begreifen, warum und weswegen, von einem Schalter zum nächsten wandert, bis er an den richtigen gerät, und wenn er zahlt und das Kleingeld zurückbekommt, zählt er nach, was er erhalten hat, findet, daß man ihm eine Krone zu viel herausgegeben hat, und gibt dem Fräulein hinter dem Fenster die Krone zurück. Dann geht er langsam weg, zählt nochmals nach und auf der letzten Stiege unten sieht er nun, daß die zurückerstattete Krone ihm gehört hat. Nun, jetzt stehen Sie ratlos neben ihm, er tritt von einem Fuß auf den andern und denkt nach, was zu tun wäre. Zurückgehen, das ist schwer, oben drängt sich ein Haufen von Menschen. 'Also laß es doch sein', sage ich. Er schaut mich entsetzt an.“ * In diesem anscheinend ganz einfachen Bericht wird nicht gesagt, was für ein Gesicht Milena machte, als er das Geld zum zweiten Male zählte, wie ungeduldig sie wegen dieser Geschichte war, bei der es um ein paar Heller ging, und zwar nur, damit alles seine Ordnung habe, wofür Milena so wenig Sinn besaß, welchen Widerwillen sie empfand, da sie das trotz allem für Kleinlichkeit hielt, denn sie war unfähig, Hunderte zu zählen, geschweige denn Heller. Aber sie bezichtigte ihren Frank nicht des Geizes – wenigstens in dem Brief an Max Brod nicht – und glaubte ihm auch beim zweiten Male, daß es nur der Ordnungssinn war, der ihn so handeln ließ, wie er es tat.

Frank war mit mir sehr unzufrieden, stellte Milena fest. Vielleicht war er es wirklich. Ich glaube jedoch nicht, daß Milena mit allem zufrieden war. Da hätte ich sie nicht kennen dürfen . . .

Im selben Brief beschreibt sie ein anderes Erlebnis: ”Einmal hat er einer Bettlerin zwei Kronen gegeben und wollte eine Krone heraushaben. Sie sagte, daß sie nichts habe. Wir sind gute zwei Minuten dagestanden und haben darüber nachgedacht, wie wir die Sache durchführen sollten. Da fällt ihm ein, er könne ihr beide Kronen lassen. Aber kaum hat er ein paar Schritte gemacht, wird er sehr verdrießlich.“ (Ich sehe Milena vor mir, wie wohl mancher, der sie kannte: Rot bis an die Ohren, zugleich voller Verlegenheit, Wut und Bedauern, die blauen Augen starren auf das, was sich vor ihr abspielt – man muß sie wirklich gut gekannt haben, um zu begreifen, was hinter

* Zitiert nach der Übersetzung Max Brods in: Franz Kafka, Briefe an Milena, Frankfurt am Main 1983

der einfachen Beschreibung von Kafkas Handeln steckte.)

Sie schreibt dann: "Und derselbe Mensch würde mir selbstverständlich sofort mit Begeisterung, voll Glück zwanzigtausend Kronen geben. Aber würde ich ihn um zwanzigtausendundeine Krone bitten und wir müßten irgendwo Geld wechseln und wüßten nicht, wo, so würde er ernstlich überlegen, wie er das mit der einen Krone machen solle, die mir nicht gebührt." Ich befürchte, daß das nur ein Teil der Wahrheit ist. Milena weiß wirklich, daß er ihr alles geben würde, was sie verlangt, sofern das in seiner Macht stünde. Er schreibt sogar: "Sie gehen für eine Zeit von Ihrem Manne fort ... Es wird auch dabei das beste sein, wenn ich mich persönlich weder einmische noch zeige. Das dafür nötige Geld nehmen Sie vorläufig ... von mir." Aber ihm ist auch bewußt, daß es ihm schwerfiele, sich das einzugestehen, was sie sich nicht einmal selber voll eingesteht: Sie ist nicht imstande, Ernst zu verlassen.

Trotzdem tut sie das später – selbst das. Aber da ist die Situation schon eine ganz andere.

Die Eintracht zwischen Milena und Kafka ist in Wirklichkeit sehr brüchig. Und sie ergänzen einander nur bis zu einem gewissen Punkte. Kafka, von einem Vater erzogen, vor dem er – ähnlich wie Milena vor ihrem Vater – sein Leben lang Angst hat, unterwirft sich diesem Vater auch. Milena fürchtet ihren Vater zwar, aber kann ihn ohne weiteres in allen Lebensentscheidungen nicht zur Kenntnis nehmen. Weder Rücksicht auf ihn noch Angst vor ihm bestimmen ihr Handeln.

Kafka ist peinlich genau im Umgang mit Sachen, mit Geld, mit allem, was ihm anvertraut wird. Milena ist überaus leichtsinnig, ohne jeglichen Skrupel geht sie mit Geld und Sachen um, als hätte sie alles im Überfluß. Und es ist ihr gleichgültig, ob sie momentan genug besitzt oder ob es für lange Zeit das letzte ist, was sie hat.

Kafka ist behutsam in der Liebe, unablässig spürt er Verantwortung, ständig quält ihn Angst. Er entschließt sich nie zur Heirat, obwohl er sein ganzes Leben lang wünscht, eine Familie und Kinder zu haben.

Milena heiratet de jure zweimal und de facto dreimal. Und wenn sie von etwas nicht geplagt ist, dann von Verantwortungsgefühl und Angst. Sie gibt alles, was sie hat, und gibt es auch in der Liebe. Manchmal ist es nicht viel, manchmal ist es mehr, als ein Beschenkter forttragen kann. Aber immer ist es alles, was sie zu geben vermag.

Kafka ist äußerst ehrlich.

Milena ist wie ein Glücksspieler imstande, alles für jemanden zu tun, den sie gern hat – und nicht nur für ihn, sondern für alle Menschen, die etwas von ihr brauchen. Und schließlich nicht zuletzt für sich selbst.

Eine andere Sache sind Kafkas literarische Werke und Milenas Artikel, über die sich Kafka nicht nur in Briefen an sie, sondern auch an Max Brod sehr lobend äußert. Sofern es um Kafkas Erzählungen geht, die Milena übersetzt, kann man sagen, daß sie eine glückliche Hand hat. Es sind Erzählungen, über deren Wert man längst nicht mehr zu diskutieren braucht.

Der Wert von Milenas Artikeln aus jener Zeit ist etwas problematischer. Sie sind noch längst nicht ausgereift, es sind die ersten Artikel einer künftigen guten Journalistin. Vielleicht hat das Kafka erkannt. Vielleicht hat er Milena nur sehr geliebt. Oder er war sich des eigenen Wertes bewußt und sah, daß ein Mensch, der diesen Wert richtig erkennt, eines Tages zu guter eigener Arbeit fähig sein würde. Jedenfalls schätzte er die Artikel ziemlich hoch ein, wie aus seinen Briefen an Milena und seinen Worten an Max Brod hervorgeht . . .

Dagegen entwickelte sich ihre Beziehung auf seltsame

Weise. Seltsamer, als man anfangs annehmen durfte.

Milena und Kafka trafen sich in Gmünd – es war die unglücklichste Begegnung, zu der es kommen konnte. Die vitale, heftige, leidenschaftliche Milena und der kranke, vorsichtige und einfach leidenschaftslose Kafka.

Es geschah nichts – es geschah nicht einmal das, was vielleicht hätte geschehen sollen. Milena kehrte aus Gmünd wieder nach Wien zu Ernst zurück. Sie lebte weiter ihr eigenes Leben, gab Stunden und trug Koffer.

Inzwischen hatte Kafka begriffen, daß Milena sich nicht von Ernst trennen würde. Er beschloß, den Briefwechsel einzustellen. Er wollte nicht etwas fortsetzen, was ihm nur Schmerz bereitete, und das ist verständlich. Milena war darüber erregt, erschrocken und unglücklich – sie wollte sich nicht von ihm trennen –, aber schließlich überwand sie die Geschichte relativ schnell.

Milenas Resümee ihrer Beziehung zu Franz Kafka, ihre Erklärung, warum sie ihn heiraten wollte und warum er sie heiraten konnte, und warum sie es nicht getan hat, ist am deutlichsten in dem Artikel "Der Teufel am Herd" enthalten:

Warum alle oder fast alle heutigen Ehen unglücklich sind (als ob die Ehen früher glücklich gewesen wären), ist eine Modefrage, um die sich, ernst zu nehmen, eine ganze Literatur, und nicht ernst zu nehmen, jedes Five o'clock-Gespräch dreht. Jede Frage auf der Welt eignet sich zu gesellschaftlichem Geschwätz und zu einer philosophischen Abhandlung, und Themen, die sozusagen auf der Straße liegen, werden auch von uns Journalisten aufgegriffen. Bei dieser Frage wundere ich mich jedoch jedesmal; natürlich wüßte ich darauf zu antworten, warum heutige Ehen unglücklich sind – worauf würde ein Journalist eine Antwort schuldig bleiben? Aber ich frage mich immer wieder: Warum sollten sie glücklich sein?

Hier beginnt es nämlich. Zwei Menschen – zwei kleine, vereinsamte, der ganzen Hoffnungslosigkeit, Trübseligkeit und Aussichtslosigkeit des Lebens preisgegebene menschliche Wesen, zwei Menschenkinder auf der riesigen Erdkugel, die so unvorstellbar, schrecklich und beunruhigend groß ist, zwei nach natürlichem und gewöhnlichem Recht unglückliche Menschen – sollen auf einmal, unversehens, etwa um halb zehn Uhr vormittags, eingesperrt in eine Wohnung, einen Namen, ein Hab und Gut, ein Schicksal haben, sollen plötzlich und nur deshalb, weil sie zu zweit sind, glücklich sein?

Wenn zwei Menschen heiraten und meinen, das deshalb zu tun, um gemeinsam glücklich zu sein, haben sie sich von vornherein die Möglichkeit zum Glück genommen und verschlossen. Um des Glückes willen zu heiraten ist geradeso eigennützig, wie wegen zwei Millionen, eines Autos oder eines Adelstitels zu heiraten, denn das Glück reicht zum Glück genauso wenig wie die zwei Millionen, das Auto oder der Adelstitel. Wenn sich etwas auf dieser Welt rächt, sind es Berechnungen und Ziffern in seelischen Angelegenheiten. Zwei Menschen sollten nur einen einzigen vernünftigen Grund zum Heiraten haben, und zwar den, daß sie nicht anders können, als zu heiraten. Daß sie einfach ohne einander nicht leben können. Ohne alle Romantik, Sentimentalität, Tragik, das gibt es. Das gibt es täglich, ob es nun Liebe oder etwas anderes ist, es ist bestimmt das stärkste und unbeirrbarste Gefühl auf der Welt. Leider verdrängen und übersehen das viele Menschen in ihrem Leben.

Zwei Menschen heiraten, um miteinander zu leben. Warum brauchen sie zu dem riesigen Geschenk dieser

Möglichkeit noch Glück? Warum geben sich die Menschen niemals mit der ungeschönten Wahrheit zufrieden und wählen lieber eine geschmückte Lüge? Warum versprechen sie einander etwas, das sie – nicht sie selber, sondern die Welt, die Natur, der Himmel, das Schicksal, das Leben – nicht bekommen können, und das niemand je erreichen wird? Warum knüpfen sie einen realen, irdischen Vertrag an Bedingungen literarischer Phantastik, wie es das Glück ist? Warum verlangen sie vom anderen mehr, als sie selber geben können, warum verlangen sie überhaupt noch etwas von einer so großen, so ernsthaften, so tiefen Sache wie dem gemeinsamen Leben?

Wenn wir die Ehe vorher bewußt betrachteten, würden wir ganz selbstverständlich einige Dinge bemerken, an die wir gemeinhin nicht denken. Etwa, daß gemeinsam zu leben keineswegs leichter, sondern schwerer ist, als allein zu leben. Dem einzelnen wird das Alleinsein durch viele Erleichterungen vergolten: durch die halbe Verantwortung, die Freiheit, die Unabhängigkeit, oder schon allein durch die Möglichkeit, aus freien Stücken nach Australien fahren zu können. Die Ehe ist deshalb so schwer, weil man in dem Moment, in dem man diese Bindung eingeht, auf alles verzichten muß, was sie nicht bietet. Und das ist der andere Punkt, an dem die heutigen Ehen scheitern: Die Menschen heiraten, ohne sich definitiv füreinander zu entscheiden. Oder besser gesagt: ohne sich zu entscheiden, auf alles andere zu verzichten.

Einen Menschen kennenzulernen, ist ungeheuer schwierig. Ich glaube nicht zu übertreiben, wenn ich sage, daß man jemanden in einer halben Stunde Gespräch und nach zehnjährigem Zusammenleben kennenlernen kann. Es ist fast unmöglich, daß zwei Menschen vor der Hochzeit auch nur ahnen, wer sie sind und wen sie heiraten. Wenn sie alle ihre Taten, ihre Ideen, Leidenschaften,

Überzeugungen, Anschauungen und Glaubensgrundsätze kennen, so kennen sie noch nicht ihre Strümpfe, ihre verschlafenen Augen, ihre Art, beim morgendlichen Zähneputzen zu gurgeln, und ihr Gebaren, wenn sie einem Kellner Trinkgeld geben – denn in der Tiefe kann ein Mensch den anderen täuschen, aber an der Oberfläche erkennt man ihn. Jede Ehe birgt also tausend Risiken der Enttäuschung und viele Möglichkeiten inneren Scheiterns in sich, wogegen es einen einzigen Schutz gibt: das Risiko einfach schon vorher auf sich zu nehmen. Die weltliche Konvention fordert, einem Menschen im Namen der Liebe alle unterschiedlichen Merkmale wie Nationalität, politische Meinungen und religiöse Zugehörigkeit zu verzeihen, und wir tun das. Aber gehen wir weiter: Verzeihen wir ihm seine scheinbar nebensächlichen Eigenschaften. Legen wir die moderne Kareninsche Hysterie ab und verzeihen wir einander abstehende Ohren und schief gebundene Krawatten. Jeder Mensch ist eine begrenzte Welt für sich. Je ausgeprägter ein Mensch ist, desto ganzheitlicher ist er. Je weniger Möglichkeiten und Talente er besitzt, um so tiefer und sicherer besitzt er sie. Und hat er nur ein einziges, ist es am wertvollsten. Aber wie man von einem blonden Menschen nicht verlangen darf, gleichzeitig – etwa der Abwechslung halber dienstags und freitags – dunkles Haar zu haben, darf man von einem Pedanten nicht verlangen, daß er gern Shimmy tanzt, von einem Dummkopf, daß er Kierkegaard versteht, von einem Maler, daß er sich für Mathematik interessiert, von einem traurigen Menschen, daß er Lieder singt, von einem Einzelgänger, daß er eine Soiree veranstaltet. Das ist eine sehr einfache Forderung, und erstaunlicherweise begreifen das nur wenige Menschen. Gewöhnlich werfen sie einander gerade das vor, was ihr inneres Wesen ausmacht, und sie kommen nicht darauf, daß es die Aufgabe einer Ehe ist, das Wesen des anderen zu tolerieren, ja sogar so zu tolerieren, daß sich der andere berechtigt fühlt, so zu sein, wie er ist. Schließlich ist es immer nur Selbstbestätigung, was ein Mensch vom anderen erbittet. Einen Beweis, daß er "trotzdem" geliebt wird. Ein solches "Trotzdem" hat jeder von uns, und gerade deshalb ist er unglücklich. Niemals werde ich glauben, daß Menschen aus rein sexuellen, erotischen, finanziellen oder sozialen Notwendigkeiten zusammenleben; Menschen leben zusammen, um einen Kameraden zu haben. In der Einsamkeit der Welt jemanden zu haben, der die Berechtigung ihrer Existenz mit allen Fehlern und Mängeln bestätigt – denn was ist Freundschaft anderes als die Stütze eines beschädigten Selbstbewußtseins? Um jemanden zu haben, bei dem ihnen Strafe, Rache, üble Meinung, Gerechtigkeit, schlechtes Gewissen erspart bleiben. Hat ein Heim denn eine andere Aufgabe, als den Menschen zu schonen, zu schonen und nochmals zu schonen, vor der Welt und hauptsächlich vor dem eigenen inneren Spiegel? Das größte Versprechen, das Frau und Mann einander geben können, ist der Satz, den man Kindern mit einem Lächeln sagt: "Ich geb dich nicht her." Ist das nicht mehr als "Ich werde dich bis in den Tod lieben" oder "Ich werde dir ewig treu sein"? Ich geb dich nicht her. Darin liegt alles. Anstand, Wahrhaftigkeit, Heim, Treue, Zugehörigkeit, Entscheidung, Freundschaft. Wie unendlich groß ist solch ein Versprechen gegenüber dem winzigen Glück.

Kurz gesagt, mir scheint beinahe, daß unsere Ehen deshalb so unglücklich sind, weil wir es uns verdammt leicht machen. Es ist sehr bequem, von einem Menschen ein Versprechen anzunehmen, das er nicht halten kann, und nach einem Jahr, wenn er es nicht gehalten hat, beleidigt fortzulaufen. Viel schwerer und auch ehrlicher wäre es, das zu versprechen, was man halten kann, und es auch wirklich zu erfüllen. Alle diese phantastischen großen Worte sind eine Ausrede, wie sich bei der ersten wirklich schwierigen Situation erweist, wo man sich anständig verhalten sollte. Aber warum versprechen die Menschen einander nicht, daß sie niemals zu faul sein werden, eine Apfelsine, einen Strauß Veilchen, einen neuen Bleistift oder eine Tüte Rosinen mitzubringen? Warum versprechen sie nicht, zum Frühstück gewaschen zu erscheinen, nach Wasser und Seife duftend, frisch und sorgfältig gekleidet, sowohl am Tage nach der goldenen Hochzeit wie jeden Tag bis dahin? Warum versprechen sie nicht, daß sie sich im Zorn lieber selber schlagen, als einander etwas Widerwärtiges, Geschmackloses, Häßliches vorzuhalten? Warum versprechen sie nicht, sich immer um den anderen und seine Interessen zu bemühen, mögen diese der Kunstgeschichte, dem Fußball oder einer Schmetterlingssammlung gelten? Warum versprechen sie nicht, sich gegenseitig die Freiheit des Schweigens, die Freiheit des Alleinseins, die Freiheit ungezwungener Bewegung zu lassen? Warum versprechen sie nicht diese unendlich schweren "Kleinigkeiten", die man erfüllen kann, und die doch niemals erfüllt werden, anstelle von etwas so Nebensächlichem wie Glück?

Soll die Ehe einen Sinn haben, muß sie auf eine breitere und realere Basis gegründet sein als die Sehnsucht nach Glück. Mein Gott, fürchten wir doch nicht das bißchen Leiden, das bißchen Schmerz und Unglück. Versuchen Sie es einmal, richten Sie in einer Sternennacht den Blick zum Himmel, schauen Sie fünf Minuten lang gebannt, aufrichtig und konzentriert. Oder stellen Sie sich auf eine Bergspitze, von der aus man ein Stückchen Erde sehen kann. Und Sie werden nach einer Weile die Wichtigkeit des Lebens und die Unwichtigkeit des Glücks er-

kennen. Glück! Als ob die Möglichkeit des Glücks nicht einzig und allein von uns selber abhinge! Als ob das Talent zum Glücklichsein nicht ein besonderes Talent wäre, wie etwa das Talent zum Singen, zum Schreiben, zum Schustern, zur Politik! Gebt einem Menschen alles, was er verlangt, überschüttet ihn mit Liebe, Geschenken, Gunstbeweisen und allem, was er wünscht, trotzdem wird er nicht glücklich sein. Und schlagt einen anderen Menschen, bis er kaum mehr atmen kann, aber sobald er zufälligerweise einen Haufen frische Karotten sieht, leuchtend rote mit grünem Kraut, ist er glücklich.

Es gibt zwei Möglichkeiten des Lebens: entweder sein Schicksal annehmen, sich dafür entscheiden und darauf einstellen, es erkennen und sich zu Vorzügen und Nachteilen, zu Glück und Unglück verpflichten, tapfer, ehrlich, ohne um einen Kreuzer zu feilschen, großmütig und demütig. Oder sein Schicksal suchen; aber mit der Suche verliert man nicht nur Kraft, Zeit, Illusionen, richtige und gute Blindheit und das sichere Gespür für die Dinge, mit der Suche verliert man auch den eigenen Wert. Man wird ständig ärmer. Was kommt, ist immer schlechter als das, was war.

Und dann: Zur Suche braucht man Glauben, und zum Glauben gehört vielleicht mehr Kraft als zum Leben.

Kafka reagierte auf diesen Artikel, der schon nach ihrer Trennung geschrieben wurde, sehr sensibel:

"Ich denke noch oft an Ihren Aufsatz. Ich glaube nämlich merkwürdiger Weise – um die erfundenen Dialoge in einen wirklichen zu überführen: Judentum! Judentum! – daß es Ehen geben kann, die nicht auf die Verzweiflung des Einsamseins zurückgehn und zwar hohe bewußte Eheschließungen und ich glaube, der Engel glaubt es im Grunde auch . . . Eheschließen heißt vielmehr, in der Voraussetzung scharf und streng definiert: sicher sein."

Das ist also Kafkas Resümee. Die Erklärung, warum sie – gleich, ob sie zueinander gehörten oder nicht – nicht zusammen blieben. Die Erklärung, warum diese Beziehung schmerzlich, schlimm und mit beiderseitiger Trauer endete, aber definitiv endete und weder in der Form, in der sie bestanden hatte, noch in einer anderen Form fortgesetzt werden konnte.

Der Briefwechsel zwischen Milena und Kafka hörte wirklich auf. Wenigstens der direkte. Nur seine Nachklänge sind noch in Milenas Artikeln zu spüren, und auf diese reagierte Kafka nach einiger Zeit. Nicht nur auf den "Teufel am Herd", sondern auch auf weitere. Er bat Milena sogar, ihm wieder Zeitungen mit ihren Artikeln zu schicken, wie sie das früher getan hatte. Und Milena erfüllte diesen Wunsch.

Milenas damalige Artikel sind so persönlich, so voller eigener Erlebnisse, daß sie eher Briefen als Feuilletons ähneln. Selber schätzt sie ihre Artikel auch so ein. Für sie sind es Briefe, an Menschen gerichtet, die Zeitung lesen – aber oft handelt es sich um Briefe, die für einen bestimmten Leser geschrieben sind, oder zumindest vornehmlich an ihn.

Kafka hat von Anfang an – also schon zu der Zeit, als zwischen ihnen täglich Briefe gewechselt wurden – auf Milenas sehr persönliche Erlebnisse, die in den Artikeln geschildert werden, am meisten reagiert. Auf einen Artikel in der *Tribuna* – einen der ersten, die Milena überhaupt geschrieben hatte – sogar so lebhaft, daß sie das leicht erstaunte. In dem Artikel erzählt sie:

" . . . Ich ging täglich an einem Schaufenster vorbei,

wo Bilder ausgestellt waren, und auf einem war ein Häschen zu sehen. Ein allerliebstes Häschen, es rannte auf einer Ebene in Richtung Wald, das weiße Schwänzchen aufgerichtet. Das Häschen gefiel mir. Es war so verlassen in der weiten Welt, und das Schwänzchen gab ihm das Aussehen banger Hilflosigkeit. Schön – aber nach einigen Wochen verdroß mich das Häschen sehr: Bei Regen und bei Sonnenschein, am Morgen und zu Mittag – das Häschen floh ständig, das Schwänzchen aufgerichtet. Dann erzürnte es mich sogar. Jeden Tag mußte ich gewollt oder ungewollt schon von weitem hinblicken, ob es noch davonrannte. Schließlich vertrieb mich das Häschen aus der Straße, ich ging lieber durch eine andere . . .“

Es kam ihr nicht so vor, als wäre gerade dieses Erlebnis besonders beachtenswert. Und wenn doch, dann war es sicher nicht beachtenswert beschrieben . . .

Ein Feuilleton, das sie für die *Národní Listy* schrieb, enthielt sogar eine direkt an Kafka gerichtete Entschuldigung: Sie bat um Verzeihung für ein Kümmernis, das sie ihm zugefügt hatte, denn einem Menschen, der sie liebte, konnte Milena niemals nur Glück bereiten. Menschen, die sie gern hatten, und die Milena gern hatte, waren entweder überaus glücklich oder zum Verzweifeln unglücklich – etwas anderes gab es kaum. Sobald sie ermüdeten und aufhörten, das zu bemerken, womit sie von Milena überschüttet wurden, war wiederum sie todunglücklich – und mit der unglücklichen Milena konnte man keine Stunde in einem Raume sein, geschweige denn für immer zusammenleben. Das weiß ich aus eigener Erfahrung, obwohl ihre Gefühlsäußerungen damals längst nicht mehr so überschwenglich und fieberhaft waren wie zu der Zeit, über die ich schreibe. Für ein solches Erlebnis entschuldigte sich Milena bei Kafka auf den Seiten der *Národní Listy* kurz nach ihrer Prager Begegnung:

"Einmal schilderte mir jemand die verzweifeltste Nacht seines Lebens: ... der einzige schamlose Trost war für mich das Fenster hinter meinem Bett, ein Fenster im dritten Stock. Wie jemand, der seekrank wird und sich an die Reling stellt, um ruhiger das Erbrechen abzuwarten, hielt ich mich ans Fenster hinter mir, und wenn alles fehlschlüge – dieser Augenblick näherte sich im Laufe der Nacht wie durch den Blitzableiter – wollte ich mich hinausstürzen und mein Leben beenden."

Im selben Artikel heißt es vorher: "Manchmal, wenn ich abends durch die Straßen schlendere, bleibe ich voller Neugier und Spannung vor einem Fenster stehen ... Quadratische Glasscheiben. Mit Zauberkraft.

Haben Sie schon einmal hinter Gefängnisgittern das Gesicht eines Gefangenen gesehen? Ein Gesicht, durch das Gitterkreuz zerschnitten? Dann würden Sie begreifen, daß das Fenster, keineswegs die Tür, das Tor zur Freiheit ist. Vor dem Fenster liegt die Welt. Ein Gesicht hinter einem vergitterten Fenster ist schrecklicher als ein Mensch hinter einer verschlossenen Tür. Denn im Fenster liegt alle Hoffnung auf Licht, auf den Sonnenaufgang, auf den Horizont; im Fenster liegen Sehnsüchte und Wünsche. Hinter der Tür befindet sich allein die Wirklichkeit."

Trotz dieser Dialoge auf den Seiten der Zeitung gab es zwischen Milena und Kafka keine gute Begegnung mehr. Soviel ich weiß, trafen sie sich noch viermal, und über eine Begegnung schrieb Kafka in sein Tagebuch, daß sie wie ein Krankenbesuch gewesen sei.

Er überreichte Milena seine Tagebücher – selbst die zerbrochene Liebe nahm ihm nicht das Vertrauen zu der Milena, die er sich in seinem Meraner Zimmer geschaffen hatte und die bisweilen der wirklichen Milena glich, aber nur so, wie ein Echo dem gerufenen Wort gleicht.

Nach seinem Tode gab Milena Max Brod die Tagebücher, darum hatte sie Kafka gebeten, als er ihr die Aufzeichnungen anvertraut hatte, und sie erfüllte seinen Willen genau – sie kannte ihn gut und wußte, wie quälend für ihn jede Abweichung von dem gewesen wäre, worum er sie gebeten und was er für gut erachtet hatte.

Milena übersetzte wieder Kafkas Arbeiten, sie veröffentlichte die Übersetzung des "Urteils" in der Zeitschrift *Cesta*. Der Kreis schließt sich – Milena und Kafka schrieben zwar einander noch, aber aus dem vertraulichen "Du" wurde wieder das unpersönliche "Sie", die Zusammenarbeit, die der Beginn dieser traumhaften Liebe gewesen war, wurde fortgesetzt, und die Liebe trat in den Hintergrund wie eine sich entfernende Landschaft.

Noch am 12. Januar 1924 erhielt Kafka auf einem so unsicheren Wege, wie es die Post ist, einen Brief mit einer Nummer der *Národní Listy* – oder eher mit dem ausgeschnittenen Artikel "Von Mensch zu Mensch".

Bis zu Kafka, der von Krankheit, Schmerzen und Leiden bezwungen war und den nahen Tod spürte, gelangte der Umschlag mit Milenas Artikel vielleicht gar nicht, jedenfalls ist mir nicht bekannt, daß Kafka den Empfang bestätigt hätte. Aber abgeschickt wurde der Brief. Es war der letzte, den Milena an ihn sandte.

"Ein Mensch steht vor uns wie ein Baum im Walde. Bedingt durch verborgene Voraussetzungen, geschaffen von verborgenen Einflüssen . . . Einem bösen, verlogenen, widerlichen Menschen muß man helfen. Das hält man manchmal aus. Dann kommt einem plötzlich ein Gedanke. Man träumt von etwas, sieht auf einmal, daß alle Anstrengungen so viel wert sind wie Ameisenfleiß auf einem Haufen Tannennadeln. Kopf hoch, die Welt ist groß, die Sterne stehen droben und wir unten, klein, arm."

Ich glaube beinahe, daß ihm diese Worte nicht geholfen

hätten. Sie waren schon zu weit entfernt von denen, die er von Milena zu hören gewohnt war. Letztendlich waren es Worte eines Menschen, auf den noch zwanzig Jahre Leben warteten. Und das spürt man, auch wenn man es nicht im voraus wissen kann . . .

Am 3. Juni 1924 starb Kafka in Kierling an Tuberkulose. Zu dem Arzt, der bei ihm war, sagte er: "Töten Sie mich, sonst sind Sie ein Mörder." Seine Paradoxien sind immer nur scheinbare Paradoxien. Gewöhnlich drückt er mit ihnen nur die Tatsache aus, daß seine innere Ordnung, die unerbittlich wahr ist, mit der relativen Ordnung der Welt um ihn herum konfrontiert wird. Das geschah auch diesmal, ein Arzt darf das Leben eines Patienten selbst dann nicht beenden, wenn es keine Hoffnung mehr gibt, wenn er und der Kranke nur noch auf den Tod warten.

Und so warteten Doktor Klopstock und Franz Kafka fast verfeindet gemeinsam auf den Tod, denn solange er nicht da ist, gilt das Gesetz der Lebenden auch für diejenigen, die ihm schon nahe sind.

Kafkas letzte Worte werden meist so ausgelegt, daß er befürchtete, jemanden anzustecken. Sie waren an die Schwester gerichtet, die ihn pflegte: "Geh, Elly, nicht so nahe, nicht so nahe." – Und nach einer Weile: "Ja, so ist es gut."

Vielleicht war es wirklich nur die Befürchtung, jemanden anzustecken. Und vielleicht war es der Gipfelpunkt im Leben eines Mannes, der immer Angst vor anderen Menschen, Ekel vor Fleisch und Widerwillen gegen Berührungen gespürt hatte. Vielleicht war es einfach das Verlangen, den letzten Gedanken weder durch Furcht noch durch Widerwillen zu verunreinigen. Auf den Tod muß man sich konzentrieren. Und die Nähe von Menschen lenkt immer ab.

Drei Tage nach seinem Tode, am 6. Juni 1924, erschien

Milenas Nekrolog in den *Národní Listy*. Er wurde in letzter Zeit mehrmals gedruckt, und es hätte wohl keinen Sinn, ihn hier nochmals wiederzugeben. Ich möchte nur daran erinnern, daß Milena von Kafkas Tod im Grunde als von einem freiwilligen Tode spricht – oder genauer –, von seiner Krankheit als einer Krankheit des Geistes, keineswegs des Körpers. Ebenso hatte sie schon 1921 an Max Brod geschrieben. Sie hielt die Krankheit für Kafkas Unwillen oder Unfähigkeit, in der Welt, die ihn umgab, zu leben.

"Ich weiß gewiß, daß es keinem Sanatorium gelingen wird, ihn zu heilen. Er wird nie gesund werden, Max, solange er diese Angst haben wird. Und keine psychische Stärkung kann diese Angst überwinden, denn die Angst verhindert die Stärkung. Diese Angst bezieht sich nicht nur auf mich, sondern auf alles, was schamlos lebt, auch beispielsweise auf das Fleisch. Das Fleisch ist zu enthüllt, er erträgt nicht, es zu sehen. Das also habe ich damals zu beseitigen vermocht. Wenn er diese Angst spürte, hat er mir in die Augen gesehen, wir haben eine Weile gewartet, so als ob wir keinen Atem bekommen könnten oder als ob uns die Füße wehtäten, und nach einer Weile ist es vergangen. Es war nicht die geringste Anstrengung nötig, alles war einfach und klar, ich habe ihn über die Hügel hinter Wien geschleppt, ich bin vorausgelaufen, da er langsam gegangen ist, er ist hinter mir hergestampft, und wenn ich die Augen schließe, sehe ich noch sein weißes Hemd und den abgebrannten Hals und wie er sich anstrengt. Er ist den ganzen Tag gelaufen, hinauf, hinunter, er ist in der Sonne gegangen, nicht ein einziges Mal hat er gehustet, er hat schrecklich viel gegessen und wie ein Dudelsack geschlafen, er war einfach gesund, und seine Krankheit war uns in diesen Tagen etwas wie eine kleine Erkältung."

In einem anderen Brief schrieb sie an Max Brod:

"Frank hat nicht die Fähigkeit zu leben. Frank wird nie gesund werden. Frank wird bald sterben.

Gewiß steht die Sache so, daß wir alle dem Augenschein nach fähig sind zu leben, weil wir irgendeinmal zur Lüge geflohen sind, zur Blindheit, zur Begeisterung, zum Optimismus, zu einer Überzeugung, zum Pessimismus oder zu sonst etwas. Aber er ist nie in ein schützendes Asyl geflohen, in keines. Er ist absolut unfähig zu lügen, so wie er unfähig ist, sich zu betrinken. Er ist ohne die geringste Zuflucht, ohne Obdach. Darum ist er allem ausgesetzt, wovor wir geschützt sind. Er ist wie ein Nackter unter Angekleideten. Es ist das alles nicht einmal Wahrheit, was er sagt, was er ist und lebt. Es ist solch ein determiniertes Sein an und für sich, von allen Zutaten entledigt, die ihm helfen könnten, das Leben zu verzeichnen – in Schönheit oder in Elend – einerlei. Und seine Askese ist durchaus unheroisch – hierdurch allerdings um so größer und höher. Jeder Heroismus ist Lüge und Feigheit. Das ist kein Mensch, der sich seine Askese als Mittel zu einem Ziel konstruiert, das ist ein Mensch, der durch seine schreckliche Hellsicht, Reinheit und Unfähigkeit zum Kompromiß zur Askese gezwungen ist."

Diese beiden Briefe sind voller Unterstreichungen, an denen Milena nicht sparte, und über die Schrift äußert sich Max Brod in seinem Buch über Kafka:

"Ihre Schrift hat übrigens, wie mir scheint, eine gewisse Ähnlichkeit mit der Schrift Thomas Manns; was sehr seltsam ist, da die Schrift Thomas Manns, besonders in frühen Jahren, ein Unikum zu sein scheint."

Milena war davon überzeugt, daß Kafka in der Tiefe seines Wesens verwundet war, daß er anders krank war als die Patienten in Lungensanatorien. Diese haben meist eine geradezu unglaubliche Lebensgier. Kafkas Lebenswille war fast bis ans Ende sehr klein. Sein Todesverlangen saß wie eine Versteinerung in ihm fest und ließ sich nicht beseitigen.

Milena änderte ihre Ansicht auch nach Kafkas Tode nicht. "Er war jahrelang lungenkrank, und obwohl er die Krankheit behandeln ließ, hat er sie doch wissentlich genährt und gedanklich gefördert", schrieb sie im Nekrolog und zitierte sinngemäß einen Brief Kafkas: "Wenn die Seele und das Herz die Last nicht mehr ertragen, nimmt sie die Lunge zur Hälfte auf sich, damit das Gewicht wenigstens gleichmäßig verteilt ist."*

Über seine Bücher schrieb sie, daß sie grausam und schmerzhaft seien. "Sie sind voll trockenen Spotts und empfindsamen Staunens eines Menschen, der die Welt so klar gesehen hat, daß er das nicht ertrug und sterben mußte."

Bis zu ihrem Tode blieb für Milena die Begegnung mit Kafka ein Teil ihres Lebens, ihres Denkens, ihrer Arbeit. Aber nicht ihrer Erinnerung. Sie hatte zu sehr alles in sich aufgesogen, was sie durch seine Vermittlung erfahren hatte, als daß sie die Reliquien der Erinnerung mit sich herumtragen mußte. Und sie war ein vitaler Mensch, der weiterleben wollte.

Eine kleine Geschichte gehört wohl noch hierher.

Im Jahre 1939, als Milena schon in der illegalen Bewegung arbeitete, war einer von ihren Mitstreitern der deutsche Graf Joachim von Zedtwitz. Einmal kam er ziemlich spät am Abend und blieb bis zum nächsten Tage. Dieser Abend war eher mit Erzählen als mit illegaler Ar-

* "Es war so, daß das Gehirn die ihm auferlegten Sorgen und Schmerzen nicht mehr ertragen konnte. Es sagte: 'ich gebe es auf; ist hier aber noch jemand, dem an der Erhaltung des Ganzen etwas liegt, dann möge er mir etwas von meiner Last abnehmen und es wird noch ein Weilchen gehen.' Da meldete sich die Lunge, viel zu verlieren hatte sie ja wohl nicht." Franz Kafka, Briefe an Milena, a.a.O., S. 7 (Anm. d. Übers.)

beit ausgefüllt. Ich kam mir ungeheuer erwachsen vor, kochte Kaffee und hörte zu, soweit mein Verstand und meine Deutschkenntnisse reichten. Als Joachim früh fortging, winkten wir ihm aus dem Fenster nach. Plötzlich wandte sich Milena an mich und fragte:

"Sag mal, hast du dich etwa ein bißchen in Jochi verliebt?"

Sie irrte sich, und ich sagte ihr das.

"Das ist gut, weißt du, ich möchte nicht, daß du dich jemals in einen Fremden verliebst. Und wenn du es doch tust, heirate ihn nicht. Und wenn du ihn heiratest, habe keine Kinder mit ihm, Honza, wirklich nicht, versprich mir das, ich bitte dich!"

Die Stimme klang so eindringlich, daß ich Milena das Versprechen gab, obwohl mir nicht ganz klar war, was ich verspreche und warum ich das tue. Der bange Tonfall, mit dem sie mich um das Versprechen bat, war jedoch ungewöhnlich, und ein völlig unbekanntes Pathos verlieh diesen Worten so viel Gewicht, daß mir diese unwesentliche Szene für immer in Erinnerung blieb.

Erst jetzt, viel später, habe ich begriffen, daß Milena bis zu jener Zeit die Angst vor Franz Kafka nicht überwunden hatte, die Angst vor seinem unabwendbaren Tod und vor der Möglichkeit, nicht nur selber mit ihm zu leben, sondern sogar ein Kind zu gebären, das an diesem schrecklichen Schicksal des "Fremden" – wie sie Kafka in ihrem Artikel nennt – teilhätte.

Noch achtzehn Jahre später spürte sie Angst vor einer Verbindung mit dem Geliebten, den sie achtete, den sie liebte, aber von dessen tödlich verwundeter Seele sie wußte . . .

In Wien lernte Milena einen merkwürdigen Mann kennen. (Dort lebten seinerzeit viele merkwürdige Leute, und Milena besaß ein besonderes Talent, mit ihnen bekannt zu werden.) Graf Schaffgotsch hatte im ersten Weltkrieg erst für sein österreichisches Vaterland gekämpft und war dann auf die russische Seite übergelaufen, wo er von bolschewistischer Begeisterung ergriffen wurde. Nun war er nach Wien zurückgekehrt – Gott weiß, warum, und Gott wird wohl auch der einzige sein, der das weiß. Beim Tragen jener legendären Koffer machte Graf Schaffgotsch die Bekanntschaft von Milena. (Diese Koffer waren wirklich legendär – wenn ich zu Hause etwas nicht tun wollte, stellten mir alle Milena als Beispiel hin und sagten, daß sie in Wien sogar körperlich gearbeitet hätte.) Der Herr Graf und die Tochter des Universitätsprofessors halfen einander, Gepäck zu schleppen, und dabei unterhielten sie sich über die Weltanschauung des Herrn Grafen. Als zutage trat, daß er ein Bolschewik und begeisterter Kommunist geworden war, begann Milena, sich genauer für ihn zu interessieren. Es gelang ihm, Milena für seine Überzeugung zu gewinnen, auf seine Anregung übersetzte sie Artikel Rosa Luxemburgs – Graf Schaffgotsch war es, der sie für den Kommunismus entdeckt hatte und den Kommunismus für sie. Daran, daß das später viele Komplikationen mit sich brachte, trug er keine Schuld.

Die Ehe mit Ernst wurde nach der Trennung von Kafka noch eine gewisse Zeit fortgeführt, aber die Streitigkeiten wurden immer heftiger, und Ernst machte immer häufiger Seitensprünge.

Ich weiß nicht genau, wann Verzweiflung, Eifersucht und Erniedrigung Milena so weit getrieben hatten, daß sie das alles nicht mehr ertragen konnte und beschloß, Ernsts Liebe um jeden Preis zurückzugewinnen.

Sie gab in mehreren reichen Häusern Tschechischstunden. In einem von ihnen, einer sehr luxuriös eingerichteten Wohnung, sah sie mehrere Tage lang einen teuren Schmuck offen herumliegen. Schließlich bezähmte sie sich nicht und steckte ihn in die Tasche. Im Pfandhaus bekam sie dafür eine anständige Summe, und damit kehrte für eine Weile auch ihre fröhliche Stimmung wieder. Milena machte sich auf den Weg durch Wien: von der besten Schneiderin zur besten Modistin, danach in den teuersten Kosmetiksalon – nur zum Friseur brauchte sie nicht. Kein Friseur hätte ihr eine bessere Frisur machen können, als sie vom Herrgott erhalten hatte.

Ernst saß inzwischen wie gewöhnlich im Kaffeehaus. Von Freunden umgeben, diskutierte er über alles, worüber er einst auch mit Milena gesprochen hatte, solange sie nicht müde war, solange sie schöne Kleider trug und solange er mit ihr angeben konnte. Jetzt hielt er es für selbstverständlich, daß Milena an diesen Debatten nicht mehr teilnahm – sie konnte doch nicht in ihrer ärmlichen Kleidung ins Kaffeehaus kommen!

Er saß ruhig bis zum Abend im Kaffeehaus, nach Hause zog ihn nichts, bei seinen Freunden fühlte er sich wohl.

Plötzlich – es war schon ziemlich spät am Abend – schwebte Milena zwischen den Tischen auf ihn zu. Sie schwebte wirklich, voller Selbstbewußtsein, elegant und schön. Ernsts erster Gedanke war durchaus nicht, woher Milena die Mittel für diese Veränderung hatte. Er sprang auf, rückte galant den Stuhl vom Tisch und forderte sie auf: "Setz dich!" Dann fügte er hinzu: "Du bist heute schön! Das steht dir so gut wie lange nichts!"

Milena, die Ernsts Liebe zurückgewinnen wollte, war von seiner Reaktion enttäuscht. Alle Opfer, die sie ihm bisher gebracht hatte, galten nichts, aller Kummer, den sie erlebt hatte, konnte ihr seine Liebe nicht zurückgeben. Und auf einmal bewirkten ein neues Kostüm und ein neuer

Hut, daß seine Augen strahlten und daß er galant wie früher war. Seine Aufmerksamkeit – jedenfalls hatte sie das geglaubt – verdankte sie ihrem Geist und ihrer Klugheit. Aber daran hatte sich doch nichts geändert. Sie trug nur – infolge der Armut – andere Kleider. Und diese veränderten auch Ernsts Blick. Alle ihre Komplexe waren eigentlich überflüssig gewesen, alle Bemühungen waren nichts gegen einen teuren Hut.

Milena wurde von schrecklicher Wut gepackt, sie holte aus – die Leute im Kaffeehaus kümmerten sie nicht – und verabreichte Ernst ein paar Ohrfeigen. Erst danach setzte sie sich an den Tisch. Und Ernst ließ sich das gefallen – nicht etwa, weil er Schuldgefühle gehabt hätte. Nein, weil Milena dieses verdammte neue Kostüm und den neuen Hut trug.

Milena blieb bis tief in die Nacht im Kaffeehaus, aber nach Hause ging sie mit ihrem Ehemann nicht. Sie begab sich auf eine Polizeistation, weckte einen jungen Leutnant, der gerade Dienst hatte, und erklärte ihm:

"Ich bin eine Diebin, ich habe teuren Schmuck gestohlen."

Der Leutnant erblickte eine elegante, junge, schöne Frau, die wahrhaftig nicht wie eine Kriminelle aussah. Nachdem er eine Weile überlegt hatte, meinte er, daß sie wohl ein wenig zuviel getrunken hätte.

"Gut, gnädige Frau. Ich werde das notieren, und Sie gehen sich ein bißchen ausschlafen", riet er ihr lächelnd.

"Das fällt mir nicht ein. Ich habe Ihnen deutlich gesagt, daß ich ein teures Schmuckstück gestohlen habe, also eine Diebin bin."

Der junge Leutnant ließ sich nicht aus der Ruhe bringen. Er war ein Wiener, und Milena war schön. Galant erwiderte er:

"Ich will Ihnen selbstverständlich keineswegs widersprechen, gnädige Frau. Aber wenn Sie gestatten, werde ich mich darum bemühen, daß Sie sicher nach Hause geleitet werden, und in der Früh kommen Sie her und wir reden darüber. Glauben Sie mir, gnädige Frau, ich habe meine Erfahrungen. Ich diene schon mehrere Jahre. In einer solchen, sozusagen etwas heiklen Situation, in die sicherlich auch eine Dame wie Sie geraten kann, ist es am besten, sich durch Schlaf zu beruhigen."

Erst als ihm Milena erklärt hatte, sie sei die Tochter Professor Jesenskýs, und als sie auf ihrer Behauptung beharrte, rief er in Prag an und fragte taktvoll den Herrn Professor, ob er eine Tochter in Wien habe, die einer so schrecklichen Tat fähig sei, deren sie sich bezichtige.

Der Herr Professor zweifelte nicht daran und versicherte ihm das sogleich. Am nächsten Morgen kam er nach Wien, löste das Schmuckstück im Pfandhaus aus und brachte seine Tochter zu einem Freunde, einem Hotelbesitzer auf dem Špičák.

Endgültig verließ Milena Wien erst nach der Scheidung von Ernst.

III

Milena kehrte mit leicht angegriffener Gesundheit, voller Tatendrang und mit dem Grafen Schaffgotsch nach Prag zurück, aber sie besaß ein unerschütterliches Nervensystem, das ich – um die Wahrheit zu sagen – für eines der besten halte, die ich jemals gesehen habe.

Die Tschechischstunden bei Wiener Fräulein hatten aufgehört, das Koffertragen ebenfalls – die schlimmste Not war vorüber, der Kummer war vorbei, und ihre Liebe zu Ernst, so lange ein untrennbarer Bestandteil ihres Wesens, war überwunden.

Milena vermochte zwar völlig in einem Menschen aufzugehen, aber sie war auch fähig, Beziehungen ein für allemal zu beenden. Sie erinnerte sich an jede Sekunde ihres Lebens, empfand aber dabei nicht die alten Gefühle.

Die Scheidung von Ernst versöhnte sie mit ihrem Vater, wenigstens für eine gewisse Zeit, und das sogar, obwohl sie den Grafen Schaffgotsch aus Wien mitgebracht hatte. Dieser war wahrscheinlich mitgekommen, weil er ohne Milena nicht in Wien bleiben wollte. Anders ist es nicht zu erklären, denn der bolschewistisch denkende Graf war um nichts in der Welt imstande, sich in Prag zu akklimatisieren, und die letzte ruhige und angenehme Zeit, die er mit Milena verbrachte, war ein Besuch bei Alice Gerstel in Buchholz bei Dresden.

Zu diesem Besuch hatten sie sich nach einem kurzen Aufenthalt in Prag entschlossen. Milena wohnte nicht mehr bei ihrem Vater, sondern in Smíchov in der Zborovská ulice, sie hatte in einem Haus der Gründerzeit ein möbliertes Zimmer gefunden. Dieses Zimmer mochte sie nicht, vielleicht trug das zur Entscheidung bei, Prag noch einmal zu verlassen. Und vielleicht klang auch das Leben als Untermieterin ein wenig in ihrem Nekrolog mit, den sie hier nach Kafkas Tod schrieb.

Schließlich gefiel es Milena und Schaffgotsch auch in Dresden nicht, obwohl sie dort Übersetzungen bekamen und es ihnen in materieller Hinsicht keineswegs schlecht ging. Außerdem hatte Milena Dresden gern, es gehörte zu den Städten, in denen sie sich nicht als Fremde fühlte. Aber sie war das ständige Umherziehen leid, sie wollte endlich wieder Prager Luft atmen. Also kehrten sie nach Prag zurück.

Milena schrieb weiterhin für die *Národní Listy*, und es gelang ihr, am Malteser Platz auf der Kleinseite ein zauberhaftes Zimmer zu finden, neben dem Hause ”Zu den zwei Teufeln“. Nach der häßlichen Wohnung in Smíchov war das ein Milieu, wie sie es wünschte.

Sie war selbständig, den Vater besuchte sie lediglich, sie verdiente selber ihren Unterhalt und hatte Erfolg. Milena scharte einige Mitarbeiterinnen um sich, mit denen sie eine Zeitung nach ihren Vorstellungen machen wollte. Sie hatte den Kopf voller Pläne und alle Hände voll zu tun.

Schaffgotsch konnte jedoch an ihren Plänen kaum teilhaben. Er war in Prag ein Fremder, hatte nicht viele Freunde, war nur auf Milena angewiesen. Ohne sie war er verloren wie eine Nadel im Heuhaufen. Er bummelte

Milena Jesenská mit Graf Schaffgotsch (1925)

durch die Stadt und suchte sie, ging durch Lokale und Kaffeehäuser, betrachtete die Gäste und fragte: "War Milena hier?"

Schließlich wurde er in Prag eine komische Figur, er war Spott und Boshaftigkeiten ausgesetzt, und Milena, die ihn als einzige davor hätte bewahren können, hatte keine Zeit für ihn.

Nur anfangs hatte diese Beziehung recht vielversprechend ausgesehen.

Bevor sich Milena wieder in Prag eingelebt hatte, fand sie genügend Zeit für ihn, er kam ihr nicht langweilig vor, und solange sie sich ihm widmete und er noch nicht unglücklich war, wird er wohl auch nicht langweilig gewesen sein.

Einmal nahm sie ihn sogar zum Mittagessen zu ihrem Vater mit, aber das war kein guter Einfall. Professor Jesenský warf ihn zwar nicht hinaus, versteckte sich jedoch hinter einer Zeitung, ohne ein einziges Mal seine Nasenspitze sehen zu lassen. Einst hatte er Ernst nicht gewollt, und dann wollte er Kafka nicht. Beide waren Juden, außerdem sprachen sie besser Deutsch als Tschechisch. Aber ein Kommunist war keiner von beiden gewesen!

Den Besuch konnte er nur als Boshaftigkeit Milenas auffassen. Er war zutiefst beleidigt, daß ihm seine Tochter eine so verdächtige, perfide Existenz in die Wohnung schleppte – daß sie überhaupt selber mit solchen Leuten verkehrte.

Der arme Schaffgotsch wiederum wußte nicht, warum ihm der alte Herr so gram war. Schließlich gehörte er zu einem alten Adelsgeschlecht, sein Stammbaum war echt, keine Fälschung. Darauf war er stolz trotz seiner kommunistischen Gesinnung. Und bei Tisch benahm er sich ebenfalls anständig. Er wußte nicht, daß ihm der Ruf eines roten Kommissars anhaftete und daß ihm der alte Herr nur wegen seiner Herkunft und seines guten Benehmens nicht die Tür wies.

Schließlich war jeder davon überzeugt, der andere sei ein Sonderling, mit dem man sich lieber nicht abgeben sollte. Und Professor Jesenský wurde wieder in seiner Meinung bestätigt, daß seine Tochter im eigenen Interesse rechtzeitig von allen Juden, Deutschen, Bolschewiken und Grafen ferngehalten werden müßte.

Milena hatte keine Zeit, sich den Kopf darüber zu zerbrechen, ob die beiden einander gefielen oder nicht. Die Situation in intellektuellen Kreisen war gänzlich anders als vor ihrer Abreise nach Wien. Damals war das "Arco" der Mittelpunkt des Geschehens gewesen. Dort trafen sich Menschen, die man im wesentlichen so bezeichnen könnte, wie Milena Kafka nannte, wenn sie über ihn schrieb: "Fremde". Sie waren Fremde in ihrem Land, Fremde in ihrem Elternhaus, Fremde in ihrer Sprache und in ihren Körpern. Alle trugen ein Zeichen, das auf ihre Seele gebrannt war und sie ein für allemal zur Heimatlosigkeit, zu einer ahasverhaften Wanderschaft vorherbestimmte.

Im Mittelpunkt des geistigen Lebens standen nun ganz andere Menschen. Es waren Menschen, die in dem Lande lebten, in dem sie geboren wurden, in dessen Sprache sie schrieben und mit dem sie für immer verbunden waren.

1920 war der Verein "Devětsil"* gegründet worden, der im kulturellen Leben allmählich eine führende Rolle spielte. Zuerst in Prag und dann auch in Brünn. Er hatte nichts Chauvinistisches an sich – im Gegenteil. Die Mitglieder des "Devětsil" interessierten sich für alles, was auf der Welt geschah. Sie brauchten keine Chauvinisten zu sein. Es gab nichts, das sie dazu genötigt hätte. Sie gehörten zu ihrem Land mit der Selbstverständlichkeit,

* Wörtlich "Neunkraft", Pflanzenname, deutsch "Pestwurz". (A.d.Ü.)

mit der sie in ihren Wohnungen lebten. Sie waren einfach keine "Fremden" und konnten es nie werden.

Eine Heimat zu haben, befreit von vielen Komplexen. Es verleiht Lebenssicherheit. Darin liegt Vergangenes und auch ein Stück Zukunft. Wer keine Heimat hat, ist lediglich auf die Gegenwart verwiesen, und dann erst wieder auf die Ewigkeit.

Obwohl Milena nach ihrer Rückkehr nicht gleich Kontakt zu Mitgliedern des "Devětsil" hatte, stand sie ihnen doch notwendigerweise nahe. Ebenso wie sie verabscheute Milena den tschechischen Chauvinismus, den der Druck der österreichisch-ungarischen Monarchie und die Wiedergeburtsbewegung hervorgebracht hatten, und auch Milena beschäftigte alles, was frische Luft in die muffige, immer noch nach der Kaiserzeit riechende Welt brachte.

Schaffgotsch wäre gern ein Mitglied des "Devětsil" geworden, und sobald sich Milena ein wenig in Prag umgesehen hatte, bat er sie dringend darum, ihm dabei zu helfen. Soviel ich weiß, ist es nie dazu gekommen. Ob sich Milena nicht darum bemühte oder ob ihn die Mitglieder des "Devětsil" nicht in ihren Kreis aufnahmen, weiß ich nicht. Ich weiß nicht einmal, ob Schaffgotsch auch nach der Trennung von Milena in Prag blieb oder ob er wieder nach Wien zurückkehrte und seine unadligen Anschauungen unter den Wiener Adligen verbreitete. Milena sprach nie darüber, denn wenn sie sich an den "Devětsil" erinnerte, dachte sie an Jaromír Krejcar. Graf Schaffgotsch verflüchtigte sich in ihren Erinnerungen wie Rauch, und ich habe den Eindruck, daß er ähnlich auch aus Milenas Leben verschwand. Vielleicht vergaß sie ihn einfach eines Tages irgendwo . . .

Milenas Arbeitseifer trug bald die ersten Früchte. In den *Národní Listy* leitete sie die Rubrik "Frau und Heim", wofür sie Mitarbeiterinnen unter ehemaligen Minervistinnen und unter ihren Freundinnen aus früherer Zeit gewann. Durch das Wiener Vorkommnis und alles, was dem vorausging, war ihr Ruf in Prag zwar etwas lädiert, aber als sie dort wieder auftauchte, blühend und keineswegs heruntergekommen, wurde der alte Klatsch uninteressant. Außerdem hatte sie Erfolg, ihre Artikel gefielen den Lesern, und mit der Zeit vergaß man die alten Geschichten.

Neben der journalistischen Arbeit übersetzte sie und begründete die Edition "Kinderlektüre", in der als erster Band ihre Übersetzung des reizenden englischen Buches "Peter Pan und Wendy" erschien.

Ich besaß es einst, es war ein dickes Buch in englischer Sprache, denn tschechisch war nur der erste Teil der Übersetzung erschienen. Die Illustrationen waren wunderschön, und obwohl ich kein Wort verstand, konnte ich das Buch stundenlang betrachten, wenn Milena und Evžen nicht zu Hause waren und ich meiner Phantasie die Zügel schießen ließ.

In dem Buch war ein Bild, auf dem sich Peter Pan im Badezimmer mit Seife den Schatten an seine Fersen klebte, weil er nicht am Fuß haften blieb, und ich wollte immer gern jemanden kennenlernen, bei dem der Schatten nicht hält, um mich zu überzeugen, ob man ihn wirklich mit Seife ankleben kann.

Es waren Kinder zu sehen, die durch ihre gespreizten Beine blickten und so ein Rudel Wölfe vertrieben – doch ich begegnete niemals einem Rudel Wölfe und weiß bis heute nicht, ob sie sich so in die Flucht jagen lassen.

Und dann waren dort kleine Gnome mit Libellenflügeln, sie flogen um Wendy, die ich beneidete. Ich war sehr unglücklich, weil ich nicht wenigstens ein bißchen schön war, nicht so wie Wendy, nur ein bißchen, damit nur einer um mich herumflog, ein einziger Gnom mit durchsichtigen Flügeln.

Es war einfach ein Zauberbuch. Und Milena hatte eine glückliche Hand gehabt. Die Übersetzung wurde nicht fortgeführt aus Gründen, die ich nicht kenne, die aber bestimmt sehr traurig sind. Vielleicht hatte der Verleger nicht genug Papier, oder ohne Schatten kam Peter Pan nicht durch die Zensur. Das eine Bändchen, das erschien, habe ich weder in der Universitätsbibliothek noch in der Kinderbuchabteilung der Städtischen Bibliothek gefunden. Weitere Bände dieser Edition erschienen nicht.

Dafür erschienen Milenas Rezepte. Man sprach darüber, sie gehörten zu Milenas Erfolgen. Das Buch kam 1925 heraus, sogar unter dem Titel "Milenas Rezepte" – ich weiß das von ihrer Freundin, weil ich selber dieses kurzlebige Werk niemals gesehen habe und weil Milena nie darüber sprach.

Ich darf wohl sagen, daß Milena schreiben konnte. Und sie konnte noch vieles andere. Aber soweit ich mich erinnere – und ich erinnere mich wirklich sehr gut –, habe ich sie niemals kochen sehen, ohne daß dabei ein Malheur passierte. Entweder sie verbrannte sich die Finger, weil sie die Pfanne ohne Topflappen aus der Röhre zog, oder etwas wurde verschüttet, etwas ging entzwei, etwas fehlte – das Essen war nie vollkommen. Zum Abendbrot stellte Milena gewöhnlich Teller mit Wurst und gekauftem Salat in den Küchenschrank, und jeder nahm sich seine Portion, wenn er Hunger bekam. Man möge mir verzeihen, wenn deshalb ein Buch mit Milenas Rezepten für mich etwas Dunkles und Unklares ist.

1926 erschien ein Büchlein mit ihren Feuilletons unter dem Titel "Der Weg zur Einfachheit", ein schmales Bändchen mit ausgewählten Artikeln, das Milena ihrem Vater widmete. Es enthält eine zweite Version von Kafka und der Bettlerin, der er nicht einen ganzen Sechser auf einmal geben wollte, weil er ihren Dank fürchtete, so daß er das Geldstück wechselte. Er lief mehrmals um den Häuserblock, und wenn er um die Ecke kam, an der sie stand, warf er einen Kreuzer in die Mütze.

Es ist eine Geschichte, die Milena zweimal schrieb, jedesmal mit einem anderen Schluß. Im Jahre 1921, noch zu Kafkas Lebzeiten, endete sie so:

"Freilich war er körperlich und seelisch einfach erschöpft, aber aus der Erschöpfung rührten auch Angst, Unsicherheit, Wehmut. Schließlich weinte er so lange, bis er einen neuen Sechser erhielt. Er ertrug es offenbar nicht, für seine wahrhaft seltene Güte nicht belohnt zu werden."

Zwei Jahre nach Kafkas Tod endete die Geschichte mit den Worten:

"Das ist wohl das hübscheste Märchen, das ich jemals gehört habe, und ich habe mir vorgenommen, es niemals zu vergessen."

Wahr sind wohl beide Versionen. Die erste bestätigt Kafka selbst in einem Brief an Milena, in dem er ihr auch das Erlebnis erklärt, das sie beide mit einer Bettlerin hatten. Es betraf das Zweikronenstück, von dem er eine Krone wiederhaben wollte.

"Was die Bettlerin betrifft, so war dabei gewiß weder etwas Gutes noch etwas Schlechtes, ich war einfach zu zerstreut oder zu sehr mit einem beschäftigt, als daß ich meine Handlungen anders hätte einrichten können, als nach vagen Erinnerungen. Und eine solche Erinnerung sagt z.B.: 'Gib Bettlern nicht zuviel, später reut es Dich.'"

Dann erzählt er ihr von dem gewechselten Sechser:

"Jedenfalls war ich zum Schluß, auch moralisch, so erschöpft, daß ich gleich nach Hause lief und so lange weinte, bis mir die Mutter das Sechserl wieder ersetzte.

Du siehst, ich habe Unglück mit Bettlern, doch erkläre ich mich bereit mein ganzes gegenwärtiges und künftiges Vermögen in kleinsten Wiener Kassenscheinen dort bei der Oper langsam einer Bettlerin auszuzahlen unter der Voraussetzung, daß Du dabei stehst und ich ... Deine Nähe fühlen darf."

Die zweite Version, in der es nicht heißt, daß der Sechser ersetzt wurde, ist Milenas Wahrheit. Ihre Wahrheit, wie ihr Kafka im Gedächtnis geblieben war und wie sie ihn sich wohl gewünscht hatte.

Ungefähr zu der Zeit, als das Büchlein mit den Feuilletons erschien, begann auch Milenas Mitarbeit am *Péstrý tyden*, die zwar nicht lange dauerte, an die sie sich jedoch gern und oft erinnerte.

Sie saß im Redaktionszimmer mit Staša Jílovská, einer Freundin aus dem Gymnasium, und mit dem Maler und Karikaturisten V.H. Brunner, der sie mit seinen rundherum beschriebenen Zeichnungen beschenkte. Die Zeichnungen ließ er auf ihrem Schreibtisch liegen, und Milena sammelte sie.

Übrigens gehörte auch V.H. Brunner zu den Menschen, von denen Milena wußte, daß ihnen ein vorzeitiger Tod bestimmt war. Er war lungenkrank, ich weiß nicht, ob es Tuberkulose oder Krebs war, und starb im Jahre 1928. Der Nachruf, den Milena schrieb, ist nur ganz kurz, aber er enthält so viel Leid, daß er mich noch Jahre später rührte.

Hauptsächlich wurde mir im Zusammenhang mit ihm etwas bewußt, was für Milena so typisch war wie ihre blauen Augen oder lockigen Haare: Viele Menschen drängten sich um sie, um von ihrer Lebenskraft zu schöpfen.

Es gibt Menschen, mit denen spricht man das erste Mal und weiß dann genau, welche Probleme sie mit ihrem

Ehepartner haben, ob ihre Kinder gedeihen und wie es um ihre Lebensumstände und finanziellen Verhältnisse bestellt ist, und selbstverständlich auch um Galle und Leber. Gegen solche Menschen habe ich nichts, sie besitzen eine gewisse Arglosigkeit, und man darf ihnen gewiß ihr Mitteilungsbedürfnis nicht verübeln – sie brauchen jedoch keinen bestimmten Zuhörer. Sie sind aus dem Geschlecht der Kuckucke, ein Baum tut ihnen ebenso gute Dienste wie der intimste Freund, und um die Wahrheit zu sagen, vielleicht noch bessere, weil er sie nicht unterbrechen wird.

Dann gibt es Menschen, mit denen man mehrere Jahre verkehrt, und man weiß nicht einmal genau, ob sie ledig sind oder ob sie Kinder haben, man hat keine Ahnung, wie hoch ihr Gehalt ist, und wenn man von ihnen mehr als einen Satz hört, wird er bestimmt nicht ihr Privatleben betreffen.

Andere Menschen schleppen ihr Bündel Komplexe und Probleme von einem Ort zum anderen und suchen vergeblich jemanden, der es ihnen abnimmt. Sie wollen ihre Last nicht auf irgendwelche Schultern abladen, sie wollen, daß jemand nicht nur zuhört, sondern auch einzuschätzen und zu begreifen vermag, was man ihm aufbürdet. Denn allein er wird ihnen zu helfen wissen, und nur er wird vielleicht imstande sein, ihnen die Last zu erleichtern. Das schlimmste daran ist: Diese Menschen wissen gewöhnlich sehr gut, daß ihnen niemand helfen kann und daß sie sich schon selber helfen müssen. Aber sie besitzen gewöhnlich nicht die Kraft, ihre Last zu bewältigen, seien es Krankheiten, Komplexe, eine untreue Frau oder Geldmangel. Obwohl das unerbittliche Gesetz, daß niemandem geholfen werden kann, dem die eigenen Kräfte fehlen, keine Ausnahme kennt, vermögen sie sich ihm nicht zu unterwerfen. Das ist natürlich –

wenn sie sich ihm unterwürfen, verlören sie die Hoffnung. Und ohne Hoffnung vermag nicht einmal eine Ameise zu leben, geschweige denn ein denkendes Wesen.

Milena zog diese Art Menschen fast magnetisch an. Sie war gleichsam dazu geschaffen, schwere Lasten wenigstens ein Stückchen tragen zu helfen. Sie war nicht passiv, immer erlaubte sie, daß sich derjenige, der ihr seine Last übergeben hatte, auf sie stützte, und ich meine sogar, daß sie zum Leben das Bewußtsein brauchte, nicht nur ihre eigene Last zu tragen, sondern auch Verantwortung für einen anderen Menschen zu haben.

Es machte ihr überdies Spaß, anderen Freude zu bereiten. Aber manchmal verwirrte sie dadurch diejenigen, die mehr als Freude brauchten: die sich am Leben erhalten mußten.

Schließlich fürchtete sie sich vor diesen Menschen immer ein bißchen, sie waren stets zu schwierig, und was Milena ihnen anfangs versprochen hatte, oder was von ihr erwartet wurde, konnte sie nicht leisten. Nicht, weil sie es nicht gewollt hätte. Es überstieg einfach die menschlichen Kräfte.

IV

Im Jahre 1926 – jedenfalls denke ich, daß es in diesem Jahre war – lernte Milena Jaromír Krejcar kennen, einen Architekten, Mitglied des ”Devětsil“. Krejcar wurde ihre große Liebe.

Der Verein ”Mánes“ veranstaltete einen Ausflug, an dem bildende Künstler und eine ganze Reihe von Gästen teilnahmen. Man machte eine Dampferfahrt auf der Moldau, tanzte und plauderte, und Milena wußte bald die Aufmerksamkeit auf sich zu lenken. Sie konnte gut erzählen, außerdem hatte sie Sinn für Humor, und sie vermochte auch anderen zuzuhören.

Krejcar wich vom Abend bis in die späte Nacht nicht von ihrer Seite, und Milena war das nicht unangenehm. Sie verstanden sich vollkommen. Und worin sie nicht übereinstimmten, darin ergänzten sie einander.

Der einunddreißigjährige Krejcar ähnelte in nichts den Männern, mit denen Milena in Wien verkehrt hatte oder die sie aus früherer Zeit in Prag kannte. Er war anders, und Milena war von allem bezaubert, von seinem Tanzen und seiner Stimme und von dem, was er sagte.

Sie verliebte sich diesen Abend fast auf den ersten Blick, und Krejcar erging es nicht viel anders.

Beide waren etwas leichtsinnig – sofern man es Leicht-

Milena und Jaromír (1926)

Milena mit Staša und deren Mann

Milena mit Freundin Staša Jílovská (liegend) und deren Familie (1927)

sinn nennen will, wenn zwei Menschen beschließen, gemeinsam einen Abend in den Bergen zu verbringen, und sich mit einem Taxi zum Špičak fahren lassen, ohne zu überlegen, womit sie es bezahlen können. Vielleicht ist das Leichtsinn, aber es ist noch etwas anderes. Es ist die Fähigkeit, augenblicklich, wenn auch kopflos, einen Entschluß zu fassen, es ist die Lust, alles zu vergessen, wenn es eine Möglichkeit gibt, mit einem Menschen zusammenzusein, den man liebt.

Milena brauchte gerade das. Nach dem unentschlossenen Kafka mit seinem übersteigerten Verantwortungsgefühl, der schließlich das Büro für wichtiger hielt als ein Treffen mit der Geliebten – etwas, was Milena zeitlebens nie begreifen konnte und was ihr noch lange nach seinem Tode unerklärlich blieb –, nach Ernst, der ihr so wenig Aufmerksamkeit widmete, daß sie sich wertloser als ein Möbelstück in ihrem Zimmer vorkam – nach diesen beiden war die Begegnung mit Krejcar etwas Erfrischendes, woran sie kaum noch geglaubt hatte.

Krejcar wurde auf dem Lande geboren. Er war der einzige Sohn eines Försters und wuchs in den Wäldern auf, inmitten der Natur, kannte alle Pflanzen, konnte Vogelstimmen nachahmen, wußte, wann die Trollblumen blühen und wo lila Herbstzeitlosen auf krankhaft blassen Stengeln zu finden waren, Blumen, die Milena so gern hatte.

Sein Vater starb früh, und der Junge lebte allein mit seiner Mutter. Eigentlich war er auch zu Lebzeiten seines Vaters mit ihr allein gewesen, weil sich der Herr Förster ständig in den Wäldern aufhielt, und wenn er zufälligerweise einmal nicht im Wald war, saß er bestimmt in der Dorfschenke. Im Hause zu sein, hielt er eines Mannes für unwürdig, und am Schürzenband seiner Frau zu hängen, hatte er nicht die geringste Lust.

Einmal hatte er sich etwas betrunken, und in einem Anfall von Besorgtheit schickte er einen Jäger nach Hause, der ausrichten sollte, daß er später heimkomme. Meine Großmutter war jedoch solche Aufmerksamkeiten nicht gewöhnt, die Schritte des Jägers erschreckten sie tödlich. Sie riß die Schrotbüchse von der Wand und schoß auf den Mann, bis die Munition verbraucht war.

Jaromír verbrachte also seine Kindheit in der Försterei bei seiner Mutter. Wie die meisten Männer, die auf dem Lande geboren und von einer Frau erzogen wurden, erwarb er eine besondere Sensibilität, die schwer zu beschreiben ist, die jedoch fast jeder bemerkte, der ihm begegnete.

Nach dem Tode ihres Mannes zog Frau Krejcarová nach Prag, ersuchte um eine Konzession und begann einen Handel. Sie wollte, daß ihr Sohn studierte, damit etwas aus ihm würde – doch das kostete Geld. Die Konzession, die man unter dem Kaiser und noch eine gewisse Zeit danach unternehmerischen Bürgern erteilte, galt einfach für alles, sie gestattete den Handel mit Eiern, Bonbons, Sodawasser und Limonaden ebenso wie den Verkauf von Kutschen, Landauern oder Grundstücken.

Großmutter entschied sich für Süßwaren. Sie eröffnete voller Gottvertrauen einen Laden in der Spálená ulice, und mit Hilfe von Bonbons und Schokolade bemühte sie sich, den Sohn während des Studiums so gut wie möglich zu unterhalten.

Jaromír besuchte die Akademie, aber er besaß nicht den Mut, seiner Mutter zu sagen, wie lange das Studium dauert. Großmutter meinte, ein Jahr wäre Zeit genug, um aus ihrem Sohn etwas Anständiges zu machen, und er ließ sie in dem Glauben.

Als er nach einem Jahr kein akademischer Architekt war, weinte die alte Frau, weil ihr Sohn nicht so klug war, wie sie gemeint hatte. Dann packte sie die schönste

Jaromír Krejcar (in den 40er Jahren)

Bonbonniere ein, die sie im Laden hatte, und begab sich zu den Herren Professoren. Wenn schon ihr Sohn mißraten war, wiesen sie vielleicht wenigstens eine arme Witwe und ihr kleines Geschenk nicht zurück.

Sie ging in die Akademie, ließ sich einen Herrn Professor rufen und drückte ihm entschlossen das Päckchen in die Hand. "Wenn Sie bitte einer alten Frau verzeihen – aber ich könnte es wirklich nicht ertragen, wenn mein Sohn wiederholen sollte. Ich weiß, daß er ein Schlamper ist, aber begabt ist er vielleicht auch ein bißchen, und ich werde auf ihn aufpassen, er wird bestimmt abends lernen, was er versäumt hat. Wenn er bloß das Diplom kriegt, damit er eigenes Geld verdient. Ich bin nämlich eine arme Witwe und habe keine Unterstützung."

Als sie erfuhr, daß Jaromír nicht durchgefallen war und sogar ein sehr begabter und vielversprechender Student sei, beruhigte sie sich etwas, aber als sie dann hörte, wie viele Jahre ihr Sohn noch studieren müsse, bis aus ihm ein Architekt würde, war sie todunglücklich. Schließlich biß sie die Zähne zusammen, nahm noch ein Fräulein zur Untermiete auf und unterstützte Jaromír weiterhin.

Im Unterschied zu Milena hatte Krejcar als Kind stets Liebe empfangen, und wenn auch die mütterliche Vergötterung manchmal schwer erträglich war, so war er doch niemals ohne herzliche Fürsorge gewesen. Und weil er nicht im Luxus aufwuchs, wurde er selbst von dieser liebenden Mutter nicht verhätschelt, zudem besaß er durch die Kindheit im Wald einen realen Blick für vieles, das bei Stadtkindern mit der Zeit zu Problemen und Minderwertigkeitskomplexen aller Art führt.

Ihn wiederum zog an Milena an, was ihm selber fehlte. Ihre etwas überintellektualisierte Denkweise verwunderte ihn leicht – bei einer Frau war er so etwas nicht gewöhnt. Und die damals mondäne Milena bezauberte ihn mit ihrer

Erscheinung. Sie war schön, und er war schließlich ein bildender Künstler. Auch sein ästhetisches Empfinden wollte befriedigt werden.

Als sie sich kennenlernten, ging Krejcar zwar mit einem Mädchen, aber zwischen den beiden gab es Differenzen, und ihre Beziehung war am Zerbrechen. Aus Furcht, der Grund für die Trennung zu sein, versuchte Milena angeblich, die beiden miteinander zu versöhnen. Sie versöhnte sie so lange, bis sie selber Krejcar heiratete.

Diesmal heiratete sie mit Zustimmung ihres Vaters. Professor Jesenský war ganz fassungslos, daß ihm seine Tochter doch jemanden ins Haus brachte, der keine Sammlung all dessen war, was er für die schlimmsten Untugenden hielt. Er protestierte nicht einmal. Auch die alte Frau Krejcarová raffte sich zu keinem Protest auf, obwohl sie einfach nicht einsehen konnte, daß ihr Jaromír jemand anderem als ihr gehören sollte.

Jaromír richtete die Wohnung in der Spálená ulice her und machte daraus unter Aufbietung all seiner Fähigkeiten als Architekt und mit aller Liebe, die er für Milena hegte, ein so angenehmes Heim, daß es anfangs nicht einmal zu größeren Streitigkeiten zwischen Milena und der alten Frau kam. Und als Milena schwanger wurde, gab es nichts, was sie sich noch gewünscht hätte. Sie freute sich auf das Kind und freute sich auf das Leben mit Krejcar, freute sich auf alles, was vor ihr lag, sie schrieb und übersetzte und war – wie sie später selber sagte – das erste und auch letzte Mal im Leben vollkommen glücklich.

Die ersten Schwangerschaftsmonate verliefen recht gut. Milena hatte zwar große Beschwerden, ließ sich aber nichts anmerken. Sie arbeitete weiter und freute sich auf das Kind.

Die Mitarbeit am *Pestrý týden* hörte auf, sie schrieb wieder für die *Národní Listy*. Außerdem übersetzte sie, und zusammen mit Jaromír bemühte sie sich, Leser für Wohnkultur zu interessieren. In dieser Zeit beschäftigte sie auch alles, was das Kind betraf, sie schrieb über die Berechnungen, die man anstellt, wenn ein neuer Mensch geboren werden soll, und in ihren Artikeln ist ein neuer Ton zu spüren, bedingt durch die künftige Mutterschaft.

In der Spálená ulice führten Jaromír und Milena ein geselliges Leben, Freunde aus dem "Devětsil" kamen zu ihnen, und einmal beehrte sie auch F. X. Šalda mit seinem Besuch. Über die gewundene, alte Treppe mußten sie ihn fast hinauftragen – er war schon alt und krank.

Im Frühling beschloß Milena, ins Gebirge zum Skilaufen zu fahren, ungeachtet ihrer Schwangerschaft. Das war ein sinnloses Unterfangen, eine von den heldenhaften Gesten, über die sie selber schrieb, daß sie wertlos und überflüssig seien. Sie wollte jedoch sich und Jaromír beweisen, daß sie immer noch die gesunde, gelenkige Milena sei. Beim Skilaufen brach sie sich ein Bein, und Jaromír brachte sie gleich nach Prag in ein Krankenhaus. Dort blieb sie bis zur Niederkunft – man mußte um sie und das Kind fürchten.

Endlich, nach mehreren Monaten im Bett und nach einer schweren, schmerzhaften Geburt kam das Kind auf die Welt. All die zweiunddreißig Stunden, welche die Geburt dauerte, wünschte Milena, einen Sohn zu bekommen. Aber geboren wurde ich – und ich hatte beide Fäuste geballt. Später fragte mich Milena oft, wem ich damals die Daumen gedrückt habe.

Nach der Geburt mußte Milena noch mehrere Monate im Krankenhaus liegen, und lange war nicht sicher, ob sie überhaupt am Leben bleiben würde.

Ihr Vater bot ihr an, sich um die Enkeltochter zu

kümmern, da sie es selber nicht konnte. Milena lehnte das ab – wohl zum ersten Male sagte sie damals ihrem Vater alles, was sie jahrelang verschwiegen hatte, und sie versicherte ihm, daß sie ihr Kind lieber eigenhändig wie einen jungen Hund ersäufe, ehe sie es ihm anvertraue.

Als Milenas Lebenskräfte gesiegt hatten, war das gebrochene Bein immer noch nicht geheilt. Schonend brachte man ihr bei, daß sie verkrüppelt bleiben würde. Im Dezember, vier Monate nach der Geburt, hatten die Ärzte versucht, das Bein zu biegen. Die Schmerzen waren grauenhaft, und das einzige, was half, war Morphium.

Es gelang den Ärzten nicht, Milena vor dem Hinken zu bewahren, es gelang ihnen nur, sie ans Morphium zu gewöhnen, wovon sie sich bis 1938 nicht befreien konnte.

Der Kreis der Mitarbeiterinnen hatte sich inzwischen aufgelöst, und Milena schrieb nicht mehr für die *Národní Listy*, sondern für die *Lidové noviny*.

Der Morphinismus zerstörte allmählich ihre Beziehung zu Jaromír, die schon während ihrer Krankheit Risse bekommen hatte. Jaromír fuhr zu ihr nach Pieštany, wo sie eine Kur machte, und mußte ihr schließlich mit dem Flugzeug Morphium bringen, ohne das Milena nicht mehr sein konnte. Wenn sie versuchte, ohne Drogen zu leben, ging es ihr so schlecht, daß sie sogar Wahnvorstellungen bekam.

Die Sucht war schon zu stark, um allein mit dem Willen bezwungen zu werden.

Im Laufe eines Jahres war aus der schönen, vitalen Frau ein krankes Wrack geworden, und aus der glücklichen Ehe eine neurotische Beziehung zweier Menschen, deren Streitigkeiten nicht mehr in Grenzen blieben und dem Wahnsinn nahekamen.

Mit zweiunddreißig Jahren wurde Milena bewußt, daß ihr nur das geblieben war, was sie im Kopf hatte. Und

Mit Tochter Jana-Honza (1929)

die Tochter, die vorläufig unergründlich war wie alle Neugeborenen und an die sie sich mit dem letzten Rest ihrer gebrochenen Kräfte klammerte.

Die Genesung schritt sehr langsam voran. Milena gewöhnte sich schwer an das Laufen mit dem steifen Bein, zudem hatte sie ständig Schmerzen. Sie arbeitete für die *Lidové noviny*, aber die Arbeit brachte keinen Trost. Nichts sei ihnen recht, klagte sie. Hauptsächlich den ländlichen Lesern kamen Frau Milenas Artikel ein bißchen zu gewagt vor. Schließlich schrieb sie einen Artikel über Narkomanie, und die ländliche Leserschaft empörte sich. Milena mußte die Zeitung verlassen.

Als Jaromír das Haus der Genossenschaft "Jednota" in der Francouzská ulice fertiggestellt hatte, zog er mit Milena in den obersten Stock. In einem Teil befand sich die Wohnung, im anderen Jaromírs Atelier. Dort wohnte es sich zauberhaft, rundherum war eine Terrasse, und auch das Flachdach gehörte zur Wohnung, die Zimmer waren groß und die Fenster nahmen eine ganze Wand ein – Jaromír und Milena hatten sich nach so einer Wohnung gesehnt.

Milena schrieb für die Zeitschrift *Žijeme.* Chefredakteur sollte Karel Teige werden, dazu kam es jedoch nicht, weil er zu weit links stand. Für kurze Zeit wurde Milena Chefredakteurin, aber auch sie galt schließlich als zu radikal.

An die Francouzská ulice entsinne ich mich noch – meine Erinnerungen und das, was ich von Milenas Freunden erfuhr, ergeben ständig dasselbe Bild voller merkwürdigster Widersprüche.

Milena hatte einerseits viel Arbeit, andererseits war sie immer noch nicht völlig gesund. Sie stellte deshalb ein Kindermädchen ein, das sich um mich kümmern sollte.

Vlastička, so hieß die Bonne, trat eines Tages mit allen Zeichen ihrer Würde ein, mit einem blauen Schleier und einem weißen Stirnband.

Eine Zeitlang klappte alles, Vlastička fuhr mich im Park spazieren und kam mit Milena vortrefflich aus. Bis Milena einmal kein Geld hatte, um ihr den Lohn auszuzahlen, und sie deshalb mit einer Schreibmaschine ins Pfandhaus schickte. Es gab eine schreckliche Szene; Vlastička sträubte sich mit Händen und Füßen gegen eine solche Erniedrigung und verteidigte ihre Ehre und die ihres Schleiers. Beinahe hätte sie gekündigt. Schließlich willigte sie ein, ins Pfandhaus ging sie jedoch ohne Schleier, und nach einiger Zeit hatte Milena aus ihr eine eiserne Kommunistin gemacht. Sie hielt noch lange Parteidisziplin, als Milena schon anders dachte.

Milena wollte meine Erziehung selbstverständlich nicht allein Vlastička überlassen, sie griff immer ein, wenn ihr an meinem Benehmen etwas nicht gefiel oder wenn ich krank war.

Einmal merkte sie, daß ich ängstlich war und mich fürchtete, von einer bestimmten Höhe herabzuspringen. Die Fensterbretter des großen Zimmers waren breite Betonflächen, auf die man leicht klettern konnte, aber herunterzuspringen wagte ich nicht. Das brachte Milena in Harnisch, Furcht war ihr zuwider, sie wollte keine ängstliche Tochter haben. Also beschloß sie, mich springen zu lehren. Sie stellte mich auf das Fensterbrett, nahm ein Tuch, gab mir zwei Zipfel in die Hand und hielt zwei selber fest.

"Jetzt hast du keine Angst mehr und springst!" redete sie mir zu.

Ich fürchtete mich weiterhin, und Milenas Geduld war nicht groß. Sie riß am Tuch, damit ich springen mußte. Ich stürzte und brach mir einen Arm. Das war eine schreckliche Aufregung, man brachte mich sofort ins Krankenhaus, und dort fütterte man mich mit allen Lekkereien, die ich gern hatte. Seitdem nötigte mich niemand mehr, mich nicht zu fürchten.

Seit ihrer Krankheit hatte Milena gegen Ärzte eine unbeschreibliche Abneigung. Sie weigerte sich, zu ihnen zu gehen, und lehnte es auch ab, mich ihnen anzuvertrauen. Als ich Scharlach bekam, räumte sie die Wohnung aus und pflegte mich selber, nur damit ich nicht ins Krankenhaus mußte. Und als ich eine Mittelohrentzündung hatte, und der Arzt sagte, daß eine Resektion notwendig sei, bat sie auf eigene Verantwortung um einen zweitägigen Aufschub. Sie saß bei mir und machte mir jede Stunde einen frischen Umschlag mit essigsaurer Tonerde, bis der Eiter von allein floß.

Milena liebte Katzen und hielt sie in der Wohnung. Sie strichen auf den Dächern und auf der Terrasse umher, schliefen auf der grünen Grammophonscheibe und auf Milenas Kopfkissen und durften sich alles erlauben. Die Katzen erledigten ihre Geschäfte auf zerknülltes Papier statt in Sägespäne – bis eine in Vaters Atelier drang, irgendwelche Pläne zerriß und ihre Pfütze machte. Vater wurde wütend, er packte die Katze und warf sie von der Terrasse hinunter – danach mußte er ihr auf das Hausdach nachklettern, auf dem sie gelandet war. Und Milena kurierte sie so lange, bis sie wieder gesund war.

Ich hatte auf dem Flachdach meinen Sandkasten, hatte meine eigene Dusche und mein Kindermädchen, aber das schloß keineswegs Milenas Zusammenarbeit mit der Partei aus. Damals ging das alles recht gut zusammen, und ich glaube, daß sich niemand darüber Gedanken machte, weder Milena noch ihre Freunde und Genossen. Eher im Gegenteil – man bat sie ziemlich oft um Hilfe, die sie gerade dank ihrer damaligen Möglichkeiten leicht leisten konnte und auch jederzeit gern leistete. Manchmal war es Geld, ein andermal ein Asyl für jemanden, der kein Dach über dem Kopf hatte. Eine Zeitlang lebte bei uns ein kleiner russischer Junge namens Petr, den seine Mutter voller Bangen gebracht hatte. Nachdrücklich trug sie Milena auf, Petr weder zu baden noch zu waschen, er dürfe nur mit Fett abgerieben werden, weil er sonst ganz sicher sterben würde. Milena versprach ihr das hoch und heilig, kaum war aber die Tür hinter der Frau zugefallen, steckte sie Petr in die Wanne, schrubbte ihn ab und fütterte ihn mit einer solchen Dosis Vitamine, daß seine Mutter darüber den Kopf geschüttelt hätte. Nach einiger Zeit sah er aus wie eine Reklame für Nestlé und blühte geradezu. Seine Mutter war noch lange davon überzeugt, daß Milena ihn genau nach ihren Anweisungen pflegte.

Die Beziehung zwischen Milena und Jaromír war nicht mehr haltbar oder reparabel. Mein Vater fuhr eines Tages in die Sowjetunion, und kurz darauf zogen wir aus der Francouzská ulice fort.

Beim Umzug aus einer großen Wohnung in eine kleine gibt es immer Scherben und alten Kram, und viele Sachen kann man nicht mitnehmen.

Mitten im großen Zimmer stand eine riesige Kiste, in die alles kam, was später weggeworfen werden sollte. Ich stand davor und schleuderte eine Grammophonplatte nach der anderen hinein. Sie zerschlugen mit Krachen, und dieser Laut gefiel mir maßlos. Milena beobachtete mich eine Weile und fragte dann, warum ich die Platten nicht alle auf einmal in die Kiste werfe. Darauf wußte ich keine Antwort. Mir machte es einfach Spaß, Dinge zu zerstören, mit denen wir bisher gelebt hatten, und ich wollte das langsam tun.

Viel später sagte sie mir, daß sie damals zum ersten Mal befürchtete, ein Geschöpf auf die Welt gebracht zu haben, das ganz anders denke und fühle als sie, und wohl auch ganz anders, als sie es wünschte.

Milena trennte sich ungern und schwer von der Wohnung, und noch schwerer von den Sachen. Sie hing nicht am Besitz, aber hatte ihre Sachen seltsam gern, ja sie redete mit den Gegenständen, die sie umgaben, und hatte zu ihnen eine fast ebenso innige Beziehung wie zu den Tieren, von denen sie meist mehrere besaß.

Noch bevor wir auszogen, wurde sie von Jaromír geschieden, der damals in der Sowjetunion war, und in die neue Wohnung zogen wir zu dritt: Milena, Evžen Klinger und ich.

Die Wohnung war nicht groß, nur ein Zimmer und Küche in einem Neubau beim Friedhof Olšany in der Straße Horní Stromky in Vinohrady.

In die Parteiarbeit stürzte sich Milena ebenso begeistert, wie sie alles mit großer Energie tat. Sie schrieb für die *Tvorba*, war in der Redaktion von *Svět práce*, arbeitete unermüdlich. Mehrmals geriet Evžen in eine Situation, in der er sich verstecken mußte, mehrmals übernachteten bei uns Genossen, die eine Zeitlang in der Illegalität lebten und kein Obdach hatten. Milena war immer selbstverständlich und ohne Murren bereit, sie aufzunehmen.

Es folgte eine kurze, aber intensive Zeit absoluten Glaubens. Milena war eine überzeugte Kommunistin, sie hegte keine Zweifel an allem, was diese Überzeugung mit sich brachte, sie zweifelte nicht daran, daß der Kommunismus der einzig richtige Weg sei. Sie war zutiefst davon überzeugt, daß allein die Revolution alle Probleme auf der Welt lösen könne, und sie war bereit, mit all ihren Kräften dazu beizutragen.

Die Vorbehalte, die sie gegen manche Methoden oder

Postulate der Partei hatte, hielt sie für einen Bestandteil ihrer kommunistischen Weltanschauung, und danach handelte sie auch: Sie sprach laut darüber und wollte alle Fehler, die sie sah, berichtigen.

Heute mag einem das etwas idealistisch vorkommen, im zeitlichen Abstand und nach den Erfahrungen der vergangenen Jahre erscheint diese Haltung zumindest unrealistisch – sie war es wenigstens zu jener Zeit. Aber darum geht es nicht. Ich möchte etwas anderes erwähnen, was für alles, was später geschah, wichtig ist: Milena betrachtete ihre Arbeit für die Partei in jener Zeit als ihre Lebensaufgabe, was sie tat, hatte niemals auch nur einen Anflug von Leichtfertigkeit oder Nachlässigkeit, und sie glaubte, wenn es einen Weg zu einer vernünftigen, menschlichen und gerechten Weltordnung gebe, sei es der Weg des Kommunismus.

Später wurde sie aller möglichen Abweichungen beschuldigt – in erster Linie des Trotzkismus, der damals in der Partei etwas Ähnliches war wie die ewige Verdammnis im Christentum. Er war eine Todsünde, und wenn jemand als Trotzkist gebrandmarkt wurde, betrachteten ihn die Parteimitglieder wie einen Pestkranken oder Aussätzigen.

Es geht nicht darum, daß man diese Kennzeichnung ziemlich schnell und ziemlich leichtfertig anwandte – es geht eher darum, ob der Glaube an die Weltrevolution und die Befürchtungen vor den Folgen, die notwendigerweise aus der Aufteilung der Welt in zwei Lager entspringen, eine so große Versündigung an der Idee des Kommunismus waren. Und es geht auch darum, ob man einen denkenden Menschen zwingen konnte, sich nicht bewußt zu werden, was eine Revolution hervorbringt, die nur in einem Land verwirklicht wurde, und ob er nicht das Bedürfnis hatte, selbst und nach eigenem Überlegen zu entscheiden, inwieweit dadurch die Idee beschnitten und eingeengt wurde.

Milena gehörte entschieden nicht zu den Menschen, für die irgendeine Autorität endgültig ist. Die Partei verlangte jedoch gerade das von ihren Mitgliedern. Sie wollte, daß man ihr die Entscheidung und die Verantwortung überließ und blind und gehorsam alle Befehle ausführte.

Milena konnte Opfer bringen, materielle und andere. Sie vermochte ihre Bequemlichkeit und ihre häusliche Ruhe zu opfern, sie konnte ihre zerrüttete Gesundheit vergessen, und sie war bereit, die eigene Sicherheit zu opfern. Was sie aber nicht opfern konnte, war der gesunde Menschenverstand. Hier hatte sie ihre Erfahrungen, und es waren schlechte Erfahrungen. Einst, während der Ehe mit Ernst, hatte sie auch den gesunden Menschenverstand geopfert, das hatte sie auf eigene Verantwortung getan, und sie mußte selber die Folgen ihres Irrtums tragen. Sie wußte, daß nun nicht nur sie die Folgen von Fehlern zu tragen haben würde.

Und Milena, die eine Tatsache leugnen oder verändern konnte, sofern es um ihre persönlichen Belange ging, war in Dingen, die das Ganze betrafen, einfach und kompromißlos ehrlich. Niemand konnte sie dazu bewegen, im Interesse einer Sache oder eines Menschen, aus Parteidisziplin oder aus einem anderen Grund etwas zu schreiben oder zu vertreten, was sie selber nicht glaubte. Ebenso konnte niemand Milena dazu bewegen, über das, was sie für richtig hielt, zu schweigen oder die Wahrheit wenigstens zu verheimlichen, wenn sie schon nicht imstande war, sie zu verdrehen.

Darauf komme ich später zurück. Während der Mitarbeit an der wöchentlich erscheinenden kommunistischen Illustrierten *Svět práce* war Milena Kommunistin, und es war nicht ihre Schuld, daß sie es nicht blieb.

Was alles bewirkte, daß Milena schließlich *Svět prace* verließ, ist heute schwierig in allen Einzelheiten zu analysieren. Der Tropfen, der das Faß zum Überlaufen brachte, war der Konflikt mit dem Redakteur Kopřiva, aber bevor es dazu kam, war schon mehr als genug geschehen, so daß sich in Milena allmählich der cholerische Ausbruch vorbereitete, mit dem ihre Mitarbeit an der Illustrierten endete.

Vor allem war Jaromír aus der Sowjetunion zurückgekehrt. Er und Milena hatten sich im guten getrennt, und selbstverständlich trafen sie sich nach seiner Rückkehr. Unter anderem auch meinetwegen, denn Milena wollte nicht, daß ihre Scheidung meine Beziehung zu meinem Vater beeinflußte. (Obwohl es gewöhnlich nicht gelingt, zwischen Geschiedenen ein gutes Verhältnis aufrechtzuerhalten, gelang es den beiden dank ihres großen Taktgefühls und dank der Freundschaft, die beide füreinander bewahrten, wirklich vortrefflich.)

Jaromír, der als begeisterter Kommunist und als Bewunderer der Sowjetunion fortgefahren war, kehrte enttäuscht und verbittert zurück. Was er erzählte, klang in unseren Ohren damals unglaublich – und heute wiederum hat es keinen Sinn, sich darüber zu verbreiten, weil es inzwischen bekannte und banale Tatsachen sind . . .

Er berichtete von Menschen, die verhaftet wurden, und niemand wußte den Grund, und man fragte lieber nicht, ob sie sich hatten etwas zuschulden kommen lassen. Er berichtete über den unsinnigen, operettenhaften Kult um Stalin und seine Mitarbeiter, wobei man nicht wußte, ob man darüber lachen oder weinen sollte oder beides zugleich. Er erzählte von der ersten Oper, in der Stalin und Molotow vorkamen (beide Tenöre), sie wurde in Moskau nicht zu Ende gespielt, weil nach der Reaktion des Publikums die Schöpfer und Hauptdarsteller wegen

Verunglimpfung der Sowjetunion verhaftet wurden – doch wenige Tage später wurde diese Oper erneut gegeben, und niemand erlaubte sich zu grinsen, geschweige denn laut zu lachen. Auf der Bühne sangen Stalin und Molotow, und im Zuschauerraum saßen verschüchterte Menschen, voller Angst, Befremden und Unsicherheit.

Er erzählte von einer Prachtstraße, die man für die Stachanowarbeiter gebaut hatte, die Häuser waren mit allem Komfort ausgestattet, von Spülklosetts bis zur Fernheizung, und wurden den Mietern mit großem Pomp übergeben. Es kam jedoch Frost, und die Heizungen wollten auf Teufel komm raus nicht funktionieren. So ragte erst aus einem Fenster das Rohr eines Kanonenofens heraus, dann aus einem zweiten, und wenige Tage später waren die Gebäude der Prachtstraße mit Ofenrohren besät, aus denen Rauch zum Himmel stieg.

Er erzählte von Menschen, die nicht fragten, wo sich ihre engsten Freunde befanden, die nicht nach ihnen forschten, auch wenn sie wochenlang verschwunden waren. Und wenn sich Jaromír erkundigte, was mit diesem oder jenem geschehen sei, blickte man ihn verwundert an und fragte: "Wen meinen Sie denn?", und dann entfernte man sich eilig.

Jaromír berichtete viele solche Dinge. Und er trat ganz offen gegen die Sowjetunion auf – er war zu begeistert und mit zu großen Hoffnungen ins gelobte Land gefahren, als daß er seine Enttäuschung hätte verbergen können.

Außerdem kam es in der Sowjetunion zu den berüchtigten Prozessen, die damals für einen tschechischen Kommunisten eher etwas Märchenhaftes waren, als daß sie sich mit dem Verstand begreifen ließen. Die Partei beschränkte sich darauf, ihren Mitgliedern die offizielle Version als Wahrheit anzubieten, die sie ohne zu überlegen und nachzuprüfen glauben sollten. Eine einigermaßen unbedachte Forderung, da zu den Parteimitgliedern auch Vertreter der Intelligenz gehörten – also Menschen mit Hirnen, deren Funktion keineswegs lahmgelegt war.

Als der Redakteur Kopřiva von Milena verlangte, sie sollte sich von Evžen Klinger trennen, weil man ihn der oben erwähnten Todsünde bezichtigte – nämlich des Trotzkismus –, reichte es Milena. Sie gab Kopřiva ein paar Ohrfeigen, knallte die Tür hinter sich zu (was sie übrigens großartig konnte), und die Mitarbeit an *Svět práce* war beendet.

Sie hatte Evžen gern, und er gehörte zu ihr. Für ihre Menschen konnte sie sich immer schlagen. Und für das Recht, selbst über sich zu entscheiden, ebenfalls.

V

Nachdem Milena *Svět práce* verlassen hatte, war sie ohne Arbeit und damit auch ohne Geld – wenigstens zeitweise. Und im Jahre 1936 sah es mit Arbeit keineswegs rosig aus. Milena übersetzte mit Evžen aus dem Ungarischen, außerdem gab es ihren Vater, der sie nicht sehen wollte, ihr aber jede Woche einen Scheck über ein paar Kronen schickte. Sie reichten nicht zum Leben, doch halfen immerhin.

Ich besuchte Großvater jeden Sonnabend, gleich nach der Schule fuhr ich in die Dittrichová ulice und aß mit ihm zu Mittag. Gewöhnlich sagte er nicht viel, aber bevor ich mich verabschiedete, schenkte er mir ein silbernes Zehnkronenstück und gab mir einen Umschlag für meine Mutter. Manchmal fragte er, wie es der Mama gehe oder ob es etwas Neues gebe, und ich hütete mich, ihm zu sagen, wie es wirklich bei uns aussah, denn außer der obligatorischen Antwort "Danke, Opa, Mama geht es gut" oder "Es gibt nichts Neues, Opa" konnte ihn alles nur aufregen und erzürnen.

Von Zeit zu Zeit fehlte das Geld für die Stromrechnung, und wir mußten Kerzen anzünden. Not war jedoch mit Milena keineswegs schlimm. Sie steckte die Kerzen in Flaschen und ging mit mir durch die Wohnung, wir spielten ''Der Müller und sein Kind'' (ich weiß nur noch, daß dort irgendwelche Geister umherschweifen), und die Tragödie brachte uns schließlich in bessere Stimmung als der normale Zustand.

Manche Krone verschlang auch Milenas Morphinismus, der mit unwesentlichen Unterbrechungen seit meiner Geburt andauerte. Zu der Zeit spritzte sie nicht mehr reines Morphium, sondern nahm ein morphiumhaltiges Hustenpulver, das nur auf ärztliches Rezept erhältlich und in Apotheken ziemlich schwer zu bekommen war. Es hieß ''Dicodit'', und kein Arzt wollte es ihr weiterhin verschreiben. Milena konnte das Zeug in Mengen schlukken, daß allen Prager Apothekern der Verstand stillstand.

Seit jeher hat mich erstaunt, was für romantische Vorstellungen über Narkomanie bei Menschen herrschen, die nicht süchtig sind. In Wirklichkeit gibt es wenige so unromantische Dinge wie die Narkomanie und wenig so prosaische Angelegenheiten wie einen Süchtigen im Hause. Was das Besorgen der Narkotika betraf, so geschah das weder im Halbdunkel verschwiegener Gassen und unter Teilnahme verdächtiger Individuen noch mit diskreter Nonchalance unter vorzüglich gekleideten Gangstern – wenigstens in der Tschechoslowakei nicht.

Das Gefäß für Dicodit stand oben im Küchenschrank, es war gelb und gehörte zu einem Teeservice – ursprünglich war es ein Sahnekännchen. Wir kannten alle seinen Inhalt, es war ein Teil unseres Alltags, und daran war nichts Heimliches. Unbekannt war lediglich, wie schnell Milena es leeren würde. Sobald es leer war, bedeutete das für Evžen und mich eine endlose Wanderschaft von einer Apotheke zur anderen und Streit mit Apothekern, denen wir versicherten, es sei das letzte Mal und ganz ausnahmsweise – wir erfanden einfach irgendetwas, damit Milena ihre Dosis bekam.

Es ist wohl schwer zu sagen, ob die Angehörigen einen Süchtigen seinetwegen oder ihretwegen unterstützen. Wahrscheinlich aus beiden Gründen, auch um der eigenen Ruhe willen. Ohne ihre Dosis Morphium veränderte sich Milena psychisch – und sie veränderte sich sogar physisch. Plötzlich sah sie müde und erschöpft aus, und die mitgenommenen Gesichtszüge ließen sie mehrere Jahre älter erscheinen.

Einmal hatte sie beschlossen, sich das Morphium abzugewöhnen. Sie wollte nicht ins Krankenhaus gehen, sondern zu Hause bleiben und es allein schaffen. Anfangs ging es recht gut, sie und wir wurden von der Begeisterung über den großen Entschluß getragen, und so bewältigte sie irgendwie ihre Nervosität und körperliche Erschöpfung. Allmählich verstärkten sich die Entzugserscheinungen, und Milena schloß sich in meinem Zimmer ein. Sie wollte sich für die Zeit dieser häuslichen Therapie isolieren. Den Zimmerschlüssel nahm Evžen an sich, der entschlossen war, die Entwöhnungskur erfolgreich zu beenden.

Ich stand an der Tür und verhandelte durch das Schlüsselloch mit Milena, wie ich sie mit Dicodit versorgen könne. Wir waren beide verzweifelt, Milena versicherte mir, sie könne ohne Dicodit nicht leben, davon habe sie sich überzeugt, und wenn sie es nicht bekomme, springe sie aus dem Fenster. Wir wohnten unter dem Dach, und ich stand vor der Tür – ins Zimmer zu ihr konnte ich nicht. Ich versprach, daß ich alles tun würde, was möglich sei. Es war schon Abend, und die einzige Apotheke, auf die ich Hoffnungen setzen konnte, befand sich am Strossmayerovo náměstí. Ich nahm Geld, und so wie ich war, in Trainingshosen und Trikot, rannte ich los. Milena hatte mir befohlen, möglichst schnell zurückzukommen, um bald an das Dicodit zu gelangen, und

Evžen, der irgendwohin gegangen war, sollte nichts merken.

Der Taxifahrer wollte mich erst nicht mitnehmen. Er meinte, ein so kleines Mädchen habe nicht abends mit einem Taxi durch Prag zu kutschieren. Als ich ihm jedoch erklärte, daß ich unbedingt zu einer bestimmten Apotheke müsse, weil es nirgendwo anders die Medizin gebe, die meine Mama nötig brauche, erbarmte er sich und fuhr wie der Teufel.

Die Laternen brannten, Menschen strömten in Kinos und Theater oder schlenderten durch die Straßen – schon als kleines Mädchen hatte ich die abendliche Stadt gern. Jetzt nahm ich nur die Zeit wahr, ich befürchtete schrecklich, daß ich zu spät kommen und Milena inzwischen wirklich aus dem Fenster springen würde, oder daß Evžen schon zu Hause sei und ich ihr das Dicodit nicht mehr geben könne.

Zum Strossmayerovo náměští gelangten wir nach kurzer Zeit. Vor der Apotheke stand ein Taxi, und darin saß Evžen . . .

Ich stieg zu ihm um, Dicodit hatte er schon, und so fuhren wir heim. Das war wohl die letzte Entwöhnungskur, die Milena zu Hause machte. Für lange Zeit blieb alles beim alten, das gelbe Kännchen wurde ständig nachgefüllt, und alle wußten, daß es Milenas Ruhe enthielt – und unsere ebenfalls.

Wie sich Milena und Evžen in der Zeit behalfen, als sie beide arbeitslos waren, ist mir nicht ganz klar. Sie übersetzten gemeinsam aus dem Ungarischen, aber das reichte bestimmt nicht, um den Haushalt zu bestreiten. Selbst mit dem großväterlichen Zuschuß nicht. Soviel ich weiß, übersetzten sie auch später, als Milena schon bei der *Pří-*

tomnost war, und ich entsinne mich nicht, daß wir einmal keine Geldsorgen gehabt hätten.

Ich glaube, sie übersetzten "Herd der Unruhe" von József Kalmer, aber daran erinnere ich mich viel weniger als an "Reifeprüfung" von Jolan Földes, woran sie zwei Jahre später arbeiteten.

Milena konnte kein Wort Ungarisch, doch Evzen beherrschte die Sprache vorzüglich und machte eine wörtliche Übersetzung. Erst danach begann die eigentliche Arbeit, die ich sehr gern verfolgte und in die ich mich manchmal einmischte. Obwohl ich störte, hat mich keiner von beiden auch nur ein einziges Mal angeschrien.

Milena wägte jedes Wort, sie drehte es nach allen Seiten, und oft dauerte es mehrere Tage, bis sie das richtige fand. Es kam vor, daß wir beim Mittagessen waren – Milena kochte kaum zu Hause, oder genauer gesagt, sie kochte gar nicht –, wir saßen zu dritt am Tisch, und plötzlich fiel Milena oder Evžen das Wort ein, das sie suchten. Sie brauchten es nicht zu notieren. Wenn es wirklich das richtige Wort war, konnten sie es nicht vergessen. Auch ich machte manchmal einen Vorschlag. Gewöhnlich war er untauglich, aber das weiß ich erst jetzt. Damals schätzten beide ein solches Angebot, und sie sprachen ernsthaft darüber – auch wenn sie sehr gut wußten, daß es nicht zu gebrauchen war. Ich hatte niemals das Gefühl, ein Fratz zu sein, der Erwachsenen ins Handwerk pfuscht und eigentlich nur ein zusätzlicher Esser ist.

Übrigens behandelte mich Milena stets wie einen erwachsenen Freund, sofern das möglich war. Sofern ich nicht mehr angestellt hatte, als sie ertragen konnte. Aber auch dann versöhnte sie sich bald wieder mit mir – sie vermochte nie lange ärgerlich zu sein. Milena brauchte eine gute häusliche Atmosphäre zum Leben wie die Luft zum Atmen.

Um die finanzielle Situation zu verbessern, arbeitete sie ein Jahr lang als technische Redakteurin des *Stavitel*, der Zeitschrift des Architektenverbandes, und schrieb für *České slovo* in der Frauenrubrik. Das Schreiben für die Frauenrubrik befriedigte sie jedoch zu der Zeit kaum noch, sie verfertigte die Artikel immer in letzter Minute, und ich rannte auf den Wenzelsplatz in die Redaktion, damit sie noch schnell in Satz gehen konnten.

Die Themen für diese Artikel dachte sie äußerst ungern aus, gewöhnlich wurden Evžen und ich damit beauftragt, und sie kommentierte unsere Einfälle mit giftigen Bemerkungen über mustergültige Hausfrauen und über Hausfrauentugenden, speziell die eigenen. Schließlich schaffte sie es immer irgendwie, der Artikel wurde fertig, und ich konnte loslaufen. Wenn "unsere Leserinnen" Milenas Kommentare zu ihrem Frühjahrsputz, zu Problemen mit dem Haushalt oder mit der Garderobe gehört hätten, wären sie ziemlich verwundert gewesen. Einmal schrieb sie einen Artikel darüber, wie sich eine Hausfrau frisieren solle. Ich zweifle nicht daran, daß es immer gute Ratschläge waren – aber Milena konnte auch zauberhaft vorführen, wie "unsere Leserinnen" ihre Ratschläge befolgten, so daß ich noch abends beim Einschlafen lachte.

Es waren minimale Einkünfte, und ständig fehlte es am Notwendigsten. Milena stopfte die Löcher mit geborgtem Geld, mit kleinen langfristigen Anleihen, immer erbeten, wenn wirklich keine Krone mehr da war. Meist wurde ich mit einem Brief losgeschickt.

Mit einem solchen Brief war ich mehrmals auch bei Ernst Pollack. Er wohnte in Vinohrady, in einer Wohnung, die mir schrecklich altmodisch und düster vorkam, aber ich fuhr gern zu ihm. Stets begleitete er mich mit seinem lieben Dackel zur Haltestelle – überhaupt entsprach dieser angegraute, freundliche Herr keineswegs

Ernst Pollack (1938)

dem legendären Ehemann Milenas, von dem ich gehört hatte.

Es kam oft vor, daß ich mir nach Milenas Schilderungen ein Bild von einem Menschen gemacht hatte, und wenn ich ihn dann kennenlernte, war er diesem Bilde gar nicht ähnlich. Außerdem betrachteten mich die meisten Menschen als Kind und benahmen sich mir gegenüber auch so, während ich zu Hause eine ganz andere Behandlung gewöhnt war. Deshalb rächte ich mich im stillen an ihnen, indem ich mir vorstellte, wie sie sich wohl gebärden würden, wenn sie wüßten, was mir Milena alles über sie erzählt hatte . . .

Als Milena 1937 begann, für *Přítomnost* zu schreiben, war schon der zweite Weltkrieg vorauszusehen.

Der traurig-sinnlose Widerstand der äthiopischen Kämpfer mit Speeren und Pfeilen gegen die modernen Waffen Italiens war beendet, der abessinische Kaiser befand sich im Exil, und an seiner Stelle wurde der italienische König als Kaiser ausgerufen.

Im Spanischen Bürgerkrieg unterstützten Internationale Brigaden aus allen Ländern tapfer und vergeblich die legale Regierung, die durch den feigen, aber dafür wirksamen Boykott aller mächtigen Staaten geschwächt wurde.

Und aus Deutschland kamen immer neue Flüchtlinge mit leeren Händen, müden Augen und unheilbarer Angst. Sie flüsterten selbst in geschlossenen Zimmern, und auf der Straße sahen sie sich um und beschleunigten ihre Schritte ohne jeden Grund . . .

Die privaten, persönlichen Probleme verblaßten vor diesem Hintergrund und verloren an Gewicht. Sorgen, bis zu dieser Zeit riesengroß, wurden winzig klein.

Immerhin erleichterten die Einnahmen, die aus Milenas Mitarbeit an *Přítomnost* flossen, viele Dinge zu Hause. Das war sehr notwendig, sonst wäre der Haushalt beträchtlich ins Wanken geraten.

Es ging jedoch nicht nur um das Finanzielle. Milena brauchte eine Möglichkeit, schreiben zu können – und ihre Artikel gedruckt zu sehen. Zu vielen brennenden Problemen konnte und wollte sie nicht schweigen.

Außerdem schrieb auch Evžen für *Přítomnost*, so daß sich ihre Bindung noch mehr festigte. Die Arbeit gehörte untrennbar zu ihrer Beziehung, sie war ein ebenso starkes Band wie die Liebe. In Evžen hatte Milena zum ersten Male nicht nur einen Lebensgefährten, sondern auch einen ebenbürtigen Mitstreiter gefunden. Vielleicht gelangten beide gerade deshalb ziemlich leicht über alle möglichen kleinen Differenzen hinweg, die sonst zu bedeutend größeren und vielleicht unüberwindlichen Ausmaßen hätten anwachsen können. Denn an Problemen fehlte es nicht in dieser Beziehung.

Vor allem konnte Milena nie ein peinliches Gefühl wegen ihres lahmen Beins überwinden. Das unbewegliche Knie veränderte nicht nur ihren Gang. Es veränderte und beschädigte ihr ganzes Lebensgefühl. Sie war sich dessen fast ständig bewußt, zumal das steife Bein oft schmerzte und anschwoll, was die Beschwerden beim Laufen noch vergrößerte.

Außerdem war Milena nach meiner Geburt korpulent geblieben, was sie sehr schlecht ertrug. Mehrmals wollte sie Abmagerungskuren machen, aber so eine Kur ist ein teurer Spaß und kostet außer Geld auch viel Zeit. Milena hatte ihr Leben lang weder das eine noch das andere, und so blieb es bei guten Vorsätzen und dem angekratzten Selbstbewußtsein. Und schließlich war Evžen mehrere Jahre jünger als sie.

Jede andere Beziehung wäre zerbrochen. Aber bei Milena und Evžen herrschte gutes Wetter – wenn auch nicht ständig und ohne Trübungen. In Zeiten gemeinsamer Arbeit war es am besten. Und wenn die schlimmsten Geldsorgen verschwunden waren, war die Stimmung zu Hause prächtig und es gab eine ganze Reihe von Annehmlichkeiten, wofür Milena sehr viel Sinn hatte. Sonst mußte so etwas unterbleiben, weil es das Budget und die fehlende Zeit nicht erlaubten.

Diese Annehmlichkeiten fielen etwas anders aus, als sie bei den meisten Frauen ausfallen, aber Milena war auch anders als die meisten Frauen, und so war das keineswegs verwunderlich. Unter ihren Ausgaben war beispielsweise niemals ein Posten für neue Kleider, für Hüte – einfach für Garderobe. Soweit ich mich erinnere, besaß sie zwei Kleider, eines fürs Haus und eines für die Straße, in einem anderen habe ich sie niemals gesehen – jedenfalls bis zu ihrer Verhaftung nicht –, und in einem anderen könnte ich sie mir nicht vorstellen. Das Kleid, in dem sie ausging, war dunkelblau, hatte einen spitzen Ausschnitt und einen Kragen aus demselben Stoff, und am Ausschnitt war eine Schleife. Diese war dorthin gelangt, weil Milena nichts gegen das heftige Drängen der Schneiderin ausrichten konnte, die Kleider ohne jede Zierde fad und traurig fand und wenigstens auf einer Schleife bestand. Milena gab nach und reihte die Schleife – ähnlich wie die Abmagerungskuren – in die ewigen und unlösbaren Probleme ein: Wenn sie sich anzog, überlegte sie jedesmal, ob sie die Schleife abtrennen solle. Vor dem Weggehen blieb jedoch dazu keine Zeit, sie würde es abends tun. Warum es abends nicht dazu kam, weiß ich nicht – möglicherweise auch deshalb, weil es einige Nadelstiche erfordert hätte, und all die Jahre, die ich mit ihr zusammen war, habe ich niemals gesehen, daß Milena eine Nähnadel in der Hand gehabt hätte.

Auf der Straße trug sie meist einen Mantel mit tiefen Taschen, in die sie beide Hände so tief vergrub, wie es nur möglich war, manchmal setzte sie ein Barett auf, das sie bei der ersten Gelegenheit vom Kopf nahm, dann hielt sie es in der Hand und unterstrich damit ihre Gesten.

So nahm sie mich in die Redaktion mit, so machte sie mit mir Spaziergänge durch die Stadt und um den Olšaner Friedhof, und so stieg sie auch in den Wagen, mit dem sie von der Gestapo abgeholt wurde.

Was hingegen die Wohnung betraf, das Milieu, in dem sie lebte, so hatte Milena einen überaus großen Schönheitssinn, von den Reproduktionen an den Wänden bis zu den Blumen in den Vasen und in den Kästen auf der Terrasse. In den Kästen züchteten wir sie aus Samen, und in die Vasen gelangten sie auf unterschiedliche Weise. Manchmal kaufte Milena Blumen, manchmal bekam sie welche geschenkt, und manchmal holten wir sie an der Friedhofsmauer oder aus der Grünanlage auf dem Lobkovicovo náměstí. Einmal erwischte uns dort nachts der Wächter, wir schnitten gerade Rosen und hatten bereits einen schönen Strauß beisammen. Milena gelang es, ihn davon zu überzeugen, daß wir nur die Sträucher von verblühten Blumen und unnützen Trieben befreiten. Das war eine recht anständige rhetorische Leistung, denn es ist nicht leicht, spät in der Nacht einem Mann, dem die Aufsicht anvertraut ist, weiszumachen, daß man gerade zu der Zeit für die Verschönerung der städtischen Anlagen sorgt und daß halb aufgeblühte Knospen unnütze Triebe seien und zum Wohl der Pflanzen abgeschnitten wurden. Es dauerte ziemlich lange, aber schließlich gelang es ihr irgendwie, und als wir fortgingen, bedankte sich der arme Kerl noch und versicherte uns, daß es in der Stadt wirklich wenig Menschen wie uns gebe. Ich mußte ihm beipflichten. Sollte ich wiederholen, was ihm Milena alles erzählt hatte, könnte ich es nicht. Ich begriff nur, daß das ihre "Kunst, mit Menschen umzugehen" war, und seitdem weiß ich, daß Milena diese Kunst vollendet beherrschte.

Ähnliches konnte ich später noch mehrmals erleben. Sie verstand es, immer die richtigen Worte zu finden und bei jedem Vertrauen zu erwecken, bei Leuten auf dem Dorf wie bei Prager Arbeitslosen, bei Flüchtlingen, die überaus mißtrauisch und verstört waren, wie bei den Ehefrauen ihrer ehemaligen Partner. Es war ihr persönlicher Zauber, eine Mischung aus Liebenswürdigkeit, Entgegenkommen, Anpassungsfähigkeit und Nachsicht, es war suggestive Souveränität und die Fähigkeit, den Leuten angenehme Dinge zu sagen, und zwar so, daß sie es glaubten.

Nur mit Dummköpfen konnte sie nicht reden. Sie gingen ihr auf die Nerven, und sie ging ihnen auf die Nerven. Aber soviel ich weiß, lag ihr auch nichts daran, mit ihnen gut auszukommen.

Der einzige Mensch, mit dem sie sich verständigen wollte und niemals konnte, war ihr Vater.

Eine große Leidenschaft Milenas waren Filme. Ich erinnere mich nicht, daß sie jemals ins Theater gegangen wäre, aber es gab wohl keinen Film, den sie nicht gesehen hatte.

Die Vorstellungen begannen um zwei, um vier, um sechs und um acht Uhr, und Milena war imstande, an einem Tag vier Filme hintereinander zu absolvieren. Die Groteskfilme, die wir um zwei Uhr gemeinsam ansahen, verfolgte sie vielleicht mit noch größerer Begeisterung als ich. Disneys gezeichnete Tiere und ihre absurde, direkte Komik belustigten sie so sehr, daß sie mit ihrem herzlichen Lachen manchmal den ganzen Saal ansteckte, und als sie eine englische Ausgabe des Büchleins von den drei kleinen Schweinen mit Disneys Illustrationen auftrieb, gab sie es zwar mir für meinen Bücherschrank, betrachtete es aber selber so oft, daß wir beide alle Bilder genau kannten. Englisch verstanden wir damals kein Wort, das einzige, was Milena übersetzen konnte, war "Vater" – bis heute weiß ich nicht, ob sie es in einem Wörterbuch gefunden oder aus dem Kontext begriffen hatte, doch an die Illustration, zu der das Wort gehörte, erinnere ich mich genau. Es war ein Zimmer der Schweinchen, alle drei tanzten fröhlich um den Tisch herum, und an der Wand hing ein Bild, wie es als Reklame zu sehen ist: Geräucherter Schinken mit einer Schleife. Und darunter stand "Vater". Milenas Verhältnis zu Familienporträts hätte man nicht treffender ausdrücken können.

Die Vier-Uhr-Vorstellung besuchten wir noch gemeinsam, wir sahen keine Groteskfilme, sondern gingen in ein anderes Kino. Meist waren es Kinos auf dem Wenzelsplatz und in der nächsten Umgebung, und vor jedem Film lief eine Wochenschau, man konnte also rechtzeitig in die zweite Vorstellung gelangen. Im Stadtzentrum wurde jedoch streng darauf geachtet, daß bestimmte Filme für Jugendliche verboten waren, und die jugendfreien lohnten nicht den Besuch. Also gebrauchte Milena wiederum ihre Überredungskunst. Sie erklärte dem Platzanweiser, daß ich unbedingt gerade diesen Film mit ihr sehen müsse, und sie überzeugte den Mann, ohne ihn zu bestechen. Niemals nahm sie ein Fünfkronenstück zu Hilfe, das unauffällig in die Hand gedrückt wird, einerseits hielt sie das für peinlich, und andererseits hatte sie das nicht nötig, sie bewog die Leute leicht, ihr gern entgegenzukommen.

Ernste Filme betrachtete sie mit der gleichen inneren Anteilnahme wie die komischen: Sie erlebte die Handlung unmittelbar mit, gehörte zu den Zuschauern, die durch eine Szene zum Weinen gebracht werden können. Mehrmals verließen wir das Kino, und Milena hatte noch Tränen in den Augen.

Wenn wir diese Wallfahrt zu beweglichen Bildern im Winter unternahmen, kamen wir gegen sechs aus dem Kino, draußen war es schon dunkel, die Straßenlaternen und die Neonlichter brannten, über Melantrich schrieb ein Lichtstrahl unaufhörlich "Večerni České slovo". Milena schickte mich nicht nach Hause, sie wußte, daß ich die abendlichen Straßen so gern hatte wie sie selber. Und wenn ich in einem Film etwas nicht verstanden hatte, gingen wir auf dem Wenzelsplatz von einem Kastanienweiblein zum anderen, wärmten unsere Hände an gerösteten Maronen, und Milena antwortete geduldig auf alle möglichen und unmöglichen Fragen, die ich ihr stellte. Manchmal liefen wir heim, und noch zu Hause unterhielten wir uns, weil Milena niemals nachlässig antwortete, immer war es viel, was sie mir auf eine Frage erklären mußte. Nach dem sowjetischen Film "Der Weg ins Leben", was verwahrloste, obdachlose Kinder sind und wie es kommt, daß es sie überhaupt gibt, nach dem amerikanischen Film "Ich wurde gelyncht", was eine Ansammlung von Menschen bedeutet und was daran schlimm und gefährlich ist, warum Menschen in der Masse anders sind als einzelne, nach der "Großen Illusion", was Krieg eigentlich heißt, was Ehre und menschliche Anständigkeit sind und warum das alles nur Illusion war.

Manchmal wußte sie mir nicht zu antworten. Es gab Dinge, die sie niemals begreifen und nicht einmal sich selber erklären konnte. Wenn wir auf so etwas stießen, sprach sie darüber mit leisem, heftigem Zorn, niemals mit einem resignierten Schulterzucken, und sie meinte nie, so gehe es nun einmal auf der Welt zu und man könne nichts dagegen machen. Ihre optimistische Überzeugung, man könne die Welt so einrichten, daß sie wirklich für alle Menschen in Ordnung sei, war ungebrochen. Zumindest war sie damals ungebrochen. Später, in Ravensbrück, war es wohl anders. Aber dazu brauchte es Erlebnisse, die sie sich seinerzeit nicht einmal vorzustellen vermochte.

Zu dem, was sie nicht begreifen und also auch nicht erklären konnte, gehörten große Finanzmachenschaften, die von abscheulicher Gefühllosigkeit zeugten – zum Beispiel die Tatsache, daß sich im ersten Weltkrieg die Rüstungsindustriellen geeinigt hatten, ohne Rücksicht darauf, daß ihre Länder gegeneinander Krieg führten, und eine Seite von der anderen Waffen kaufte. Französische Soldaten kämpften also gegen deutsche mit deutschen Waffen. Unbegreiflich blieb ihr auch, wie aus einem normalen Menschen ein Mörder werden kann – sie vermochte mir nicht zu erklären, warum sich die Soldaten nicht einfach weigerten zu schießen, alle zusammen und zugleich, anstatt sich gehorsam töten zu lassen oder selber Menschen zu töten.

Meist führten wir solche Gespräche, nachdem wir den Nachmittag im Kino oder mit einem Spaziergang durch die Stadt verbracht hatten – aber ein Spaziergang endete gewöhnlich damit, daß wir ins Kino gingen.

Manchmal fuhr ich heim, und Milena ging um acht Uhr in die nächste Vorstellung.

Niemals versuchte sie jedoch – und ich glaube, das ist ihr nicht einmal eingefallen –, für den Film zu schreiben. Sie war ausschließlich Zuschauer und wollte nichts anderes sein. Filme bezauberten sie, boten ihr Illusionen, und obwohl sie auch sehr kritisch über Filme reden und schreiben konnte, vergaß sie die Realität völlig, sobald sie sich im Kino befand, und die einzige Wirklichkeit für sie war das, was sich auf der Leinwand abspielte.

Eine zweite, wenn auch etwas andere Möglichkeit, der Realität zu entfliehen, waren Kriminalromane. Bis heute ist mir nicht völlig klar, wie sie das alles geschafft hat – schreiben, übersetzen, die Neuerscheinungen lesen – und dabei noch Zeit für diese beiden großen Leidenschaften zu finden, für Filme und ein unglaublich großes Quantum an Kriminalromanen.

Damals wurden an Kiosken und in Trafiken deutsche Hefte verkauft, ich weiß nicht, ob sie bei uns verlegt wurden oder aus Deutschland stammten, jedenfalls gab es wöchentlich neue Nummern, und in jeder war ein abgeschlossener Kriminalroman. Sie erschienen immer am gleichen Tage – ich glaube, es war der Donnerstag –, und sobald ein neues Heft herausgekommen war, mußte ich es bei Herrn Hamza holen, dem Trafikanten in unserer Straße. Milena las es an einem Abend – oder genauer in einer Nacht, weil sie sich nicht davon losreißen konnte, bevor sie es ausgelesen hatte.

Sie war nicht nur Konsument. Obwohl sie von der Lektüre ebenso gefesselt war wie jeder Leser, waren Kriminalromane für sie nicht nur eine Sache von Emotionen. Sie waren eher intellektuelle Denkspiele, an denen man den Verstand schärfen kann.

Sie versuchte sogar, selber einen Kriminalroman zu schreiben, aber das Manuskript ging irgendwie verloren, und einen zweiten begann sie nicht, soviel ich weiß.

Je mehr sich die internationale Lage zuspitzte, je gespannter und kritischer die Umstände waren, in denen sie lebte, um so eifriger und ängstlicher hütete Milena diese kurzen Stunden der Flucht. Wenn sie schrieb oder über einer Übersetzung saß und ich sie störte, geschah gewöhnlich nichts, höchstens, daß sie mich auf später vertröstete und mir nur schnell das Notwendigste sagte. Aber wenn sie einen Kriminalroman las, war sie über jede

Störung ungehalten, und schon wenn sie ihn aufschlug, wies sie warnend darauf hin, daß sie eine Weile lesen wolle und Ruhe brauche.

An allen ihren übrigen Leidenschaften und Freuden ließ sie die Umgebung teilhaben, gewöhnlich bat sie uns darum. Das Umhängen von Bildern, das Ordnen von Blumensträußen, Einkäufe im Papiergeschäft – das alles konnten wir gemeinsam machen.

Kriminalromane las sie allein, und ins Kino ging sie immer häufiger ohne Begleitung. Manchmal erfuhr ich sogar nur zufälligerweise, daß sie im Kino gewesen war, und obendrein verlangte sie von mir, lieber nicht darüber zu sprechen.

Die letzte – wenn auch bei weitem nicht kleinste – Leidenschaft Milenas war das Radio. Vielleicht sollte ich sagen, daß es die Musik war, aber das träfe es nicht. Milena mochte Musik und verstand sie, und obwohl sie oft das Radio anstellte, um Musik zu hören, war diese nicht der alleinige Grund, warum sie am Radio ein so begeistertes Wohlgefallen fand. Selber behauptete sie zwar, es gehe ihr allein um die Musik und höchstens noch um die Nachrichten, und darauf hätte sie bestanden – vielmehr hätte sie nicht zugegeben, wie es wirklich war.

Sie konnte bis tief in die Nacht mit dem Zeiger von Sender zu Sender wandern, und ob Musik erklang, ob gesprochen wurde oder ob es nur rauschte, sie schaltete das Radio nicht aus. Und sie lauschte, selbst wenn aus dem Empfänger nur ein undeutliches Flüstern in einer Sprache kam, von der sie kein Wort verstand.

Milena konnte sich nicht einfach aufmachen und in die Welt fahren, dazu fehlte das Geld, auch war sie nicht mehr jung genug, um sich irgendwie durchzuschlagen, und da waren ich und Evžen und die Redaktion und tausend weitere Dinge. Sie fühlte sich jedoch eingeengt und hatte Lust, so umherzuziehen, wie sie es früher getan hatte. Also reiste sie wenigstens in Gedanken. Niemals wäre ich darauf gekommen, daß das die Erklärung für das bis tief in die Nacht rauschende Radio war. Einmal wachte ich jedoch nachts auf, als Milena wieder den Zeiger von Ort zu Ort drehte. Plötzlich wandte sie sich zu mir um, nannte eine Stadt, an die ich mich nicht mehr erinnere, und sagte: "Dorthin möchte ich zu gern . . ."

"Dann fahren wir mal hin", antwortete ich, ohne darüber nachzudenken.

"Ich komme nicht mehr dorthin", erwiderte sie kopfschüttelnd. Und als ich sie fragte, warum, antwortete sie mir: "Weil ich alt bin und hinke."

Danach sprachen wir über etwas anderes, Milena schaltete das Radio aus, und wir schliefen beide. Nochmals redeten wir nicht darüber, aber seitdem verstand ich das Suchen auf der Skala ein bißchen.

Über die Arbeit bei der *Přítomnost* war Milena von Anfang an glücklich. Wohl deshalb, weil sie hier weder eine Rubrik für Frauen leitete noch mit ihren Beiträgen die Unterhaltungsbeilage eines mehr oder weniger unterhaltsamen Blattes schmückte. Das war zwar nicht zum ersten Male so, schon in *Svět práce* und früher waren ihre Artikel etwas anderes gewesen als Ratschläge für Hausfrauen, aber zum ersten Male leistete eine reife und durch keinerlei festgelegte Standpunkte oder Parteibeschlüsse eingeschränkte Milena ernsthafte journalistische Arbeit.

Sie knüpfte neue Kontakte, übersetzte für die *Přítomnost* Artikel von Willi Schlamm, gewann eine Reihe weiterer Mitarbeiter und schrieb selber über alles, was ihr auf den Nägeln brannte und wozu sie nicht schweigen wollte.

Chefredakteur der *Přitomnost* war Ferdinand Peroutka, einer der besten tschechischen Journalisten (obwohl er niemals Kommunist war, was bei einem Journalisten sicherlich ein großer Mangel ist). Milena arbeitete gut mit ihm zusammen, und er kam gut mit ihr aus. Zuweilen behauptete er von ihr, sie sei so klug, daß man bestimmt nicht mit ihr unter einem Dach leben, aber gerade deshalb so gut mit ihr arbeiten könne – und wahrscheinlich hat er sich nicht geirrt. Peroutka hielt sich also an den Grundsatz, daß eine Frau ein dekorativer Gegenstand zu sein habe, reizvoll dümmlich und angenehm launenhaft, jedenfalls möglichst ohne jeden Intellekt. (Übrigens wurde die prekäre Lage, die daraus entstand, daß man ihn verhaftete und seine reizvolle Frau ohne Intellekt völlig den Kopf verlor, auch von Milena gemeistert – aber darüber später.)

Und wie ein dekorativer Gegenstand voller lieber Launen aussah, erlebten wir damals zu Hause.

Jaromír war nach der Rückkehr aus Paris zusammengebrochen, man hatte ihn mit einem Infarkt ins Krankenhaus gebracht, und Milena hatte selbstverständlich seine reizvoll dekorative Gattin am Halse.

Riva war keine Tschechin, Jaromír hatte sie aus der Sowjetunion mitgebracht, ein zartes schönes Wesen, das an allen nur denkbaren Krankheiten litt und ständig ihre hilflose Verlassenheit in dem fremden Lande betonte. Dieses zarte Glück in seiner Nähe, die Arbeit am Pavillon für die Pariser Weltausstellung, der Zigarettenkonsum und die durchwachten Nächte waren wohl mehr, als Jaromír aushalten konnte.

Als er im Krankenhaus lag, beklagte sich Riva bei Milena, wie allein und verlassen sie in der Wohnung sei und daß ihr die Decke auf den Kopf falle. Und Milena, zu deren Schicksal es aus unerklärlichen Gründen gehörte, sich die Sorge um die Ehefrauen ihrer verflossenen Ehemänner aufzubürden, nahm Riva bei sich auf.

Sie blieb nicht lange bei uns, doch die kurze Zeit war schlimm genug, und für mich war es eine anschauliche Lehre. Nun wußte ich, wie ein Weibchen aussieht und wer Milena war. Das hätte ich nie deutlicher sehen können als in den wenigen Tagen, als wir Rivuschkas Launen und Stimmungen ertragen mußten. Sie verlangte Aufmerksamkeit, Rücksichtnahme und Dienste, an die wir niemals gedacht hätten und die Milena niemals verlangt hatte, auch wenn es ihr wirklich schlecht ging. Schließlich wurde Jaromır aus dem Krankenhaus entlassen, Rivuschka zog aus, und es herrschten wieder Ruhe und Frieden. Seitdem fürchte ich alle Weibchen wie der Teufel das Weihwasser.

Zu Milenas besten Arbeiten gehören wohl die Reportagen, die sie 1938 nach einer Reise ins Grenzgebiet schrieb. Für Milena war es ein ereignisreiches Jahr – auch in persönlicher Hinsicht.

Ins Grenzgebiet hatte sie Peroutka geschickt, allerdings ungern und etwas zögernd. Es war ein heißes Pflaster, und selbst für einen gesunden Mann war eine solche Fahrt gefährlich. Schließlich fuhr sie doch, und das Material, das sie mitbrachte, hätte für ein kleines Buch gereicht.

Ihre Kunst, mit Menschen umgehen zu können, hatte sich wieder einmal gezeigt. Man erzählte Milena, was man aus Angst vor den Folgen, die jedes Wort haben konnte, vor fremden Menschen sorgsam verheimlichte.

So kannte Milena nicht nur den Umfang der Exzesse, zu denen es im Grenzgebiet kam, sie erfuhr nicht nur die üblichen Fakten, die man für eine Reportage braucht, sondern wußte noch etwas mehr. Sie wußte von Frauen, die sich vor ihren eigenen Kindern fürchteten, weil diese in den Henleinschen Organisationen gelernt hatten, Ehre und Pflicht geböten, die Feinde des Reiches anzuzeigen, selbst die eigene Mutter, sie redete mit einer Frau, die es nicht wagte, ihrem Sohn das Soldaten- und Kriegsspielen zu verbieten, weil sie die Rache einer Horde kleiner Halunken riskiert hätte, die von ihren Führern fanatisiert und verblödet waren und auf deren Befehl zur Brandstiftung und jedweder Roheit imstande gewesen wären, und sie wußte noch viel mehr. Das hatten ihr Menschen gesagt, die sich vor ihren eigenen Söhnen und Töchtern fürchteten.

Milena schrieb darüber und erzählte es uns. Aber selber zu sehen und einen Bericht über das Gesehene zu hören, ist ein großer Unterschied. Was Milena mit eigenen Augen gesehen hatte, war nur zum Teil mitteilbar.

Man schrieb das Jahr 1938 – das Jahr des Anschlusses von Österreich, und Milena vermochte sich vorzustellen, wie sich die Dinge weiterentwickeln würden. Der Fanatismus, den sie im Grenzgebiet gesehen hatte, war zu schrecklich, als daß sie hoffen durfte, man könnte den Gang der Ereignisse irgendwie anhalten. Bald würde sie alle Kräfte brauchen, und man würde sie brauchen. Aus dieser Erkenntnis wuchs der Entschluß, sich endgültig das Morphium abzugewöhnen. Die Narkomanie, die Körper und Geist schwächte.

Deshalb wurde sie von Evžen nach Bohnice gebracht.

Ursprünglich war die Entziehungskur für einen längeren Zeitraum gedacht, um nicht zu erschöpfend und schwer zu sein. Aber Milena war ungeduldig. Sie wußte, daß man sie zu Hause und in der Redaktion brauchte, und wollte die Behandlung in kürzester Frist absolvieren. Deshalb entschloß sie sich zu einer Kur, die zwar schnell und wirksam ist, jedoch nur von Menschen mit starken Nerven durchgehalten wird.

Ich war mehrmals in Bohnice, jedesmal wurde sie von einer Schwester in den Besucherraum geführt, und man mußte sie wieder zurückbringen. Milena konnte kaum laufen, ihre Hände zitterten, Stimme und Gesicht waren bis zur Unkenntlichkeit mitgenommen. Heiser und stokkend, in ziemlich zusammenhanglosen Sätzen erzählte sie mir, sie sei in einen Käfig mit mehreren unzurechnungsfähigen Frauen eingesperrt, die unter sich machen, mit den Exkrementen herummanschen und Tag und Nacht ihre unartikulierten Klagen herausschreien und -kreischen, sie sei dort schon mehrere Tage und müsse noch manchen Tag bleiben. Als ich gehen mußte, fürchtete sie sich vor der Rückkehr in den Krankensaal – aber sie folgte der Schwester ohne Widerstand, und zum Abschied flüsterte sie mir verschwörerisch zu, daß wir das gelbe Kännchen ruhig wieder benutzen könnten.

Aus Bohnice kam sie abgezehrt wieder, aber das Verlangen nach Morphium war geheilt. Wir waren alle erleichtert, am meisten wohl Milena selber.

VI

Wie gut Milenas Entschluß gewesen war, sich das Morphium abzugewöhnen, zeigte sich nach kurzer Zeit. Am 15. März 1939 okkupierte Hitler die Tschechoslowakei ohne einen einzigen Schuß, und sechs Jahre lang war dieses Land all dem ausgeliefert, was Milena gesehen oder was sie in Gesprächen mit deutschen Flüchtlingen und bei ihrer Reise ins Grenzgebiet erfahren hatte.

Als Milena im Radio jenes heute schon profanierte "Bewahren Sie Ruhe . . ." vernommen hatte, begann sie sofort, alles zu verbrennen, was sie oder ihre Freunde und Mitarbeiter irgendwie belasten konnte. In der Wohnung gab es nur Zentralheizung, die Briefe, Dokumente und Fotografien brannten im Toilettenbecken und in einem Eimer.

Ich glaube, daß kaum ein Volk in seinem Handeln so uneins ist wie das tschechische. Aber der Morgen des 15. März 1939 sah wohl in allen Wohnungen gleich aus. In allen Häusern roch es nach verbranntem Papier, und vor Öfen oder über Eimern neigten sich überall Menschen, deren Augen von Tränen, Rauch und Trauer gerötet waren.

Ich sah zu – von wichtigen Ereignissen wurde ich niemals ausgeschlossen, außerdem war ich bestimmt nicht das einzige Kind, das wach war –, ich bezweifle, daß diese Nacht irgendwo Kinder ruhig geschlafen haben.

Wir beobachteten, wie die Fenster hell wurden, jedes neue Licht war ein Zeichen, daß es noch jemand wußte ... Ständig klingelte das Telefon, die Gespräche waren nur ganz kurz: "Wißt ihr schon ..." Für mehr Worte war keine Zeit.

Die Sachen, die verbrannt werden mußten, legte Milena auf einen Haufen. Ich warf mein Pioniertuch dazu – es war ein echtes sowjetisches Halstuch, das noch aus der Zeit stammte, als ich mit Milena am ersten Mai zum Umzug ging, aus einer Zeit, als Milena überzeugt gewesen war, daß aus mir einmal eine Kommunistin würde. Später trug ich es zwar nicht mehr, aber Milena blieb der Meinung, es wäre ehrenvoll, ein Mensch zu sein, wie Pioniere sein sollten. Ihre Entscheidung, nicht mit einer Partei zu gehen, die im Jahre 1936 die Prozesse gutgeheißen hatte, war frei von allem Haß.

Ich glaube, es war an diesem Morgen, oder besser gesagt in dieser Nacht, als auch Professor Jesenský anrief. Er war über Milenas Tätigkeit unterrichtet und kannte ihre Artikel in der *Přítomnost*. Bisher hatte er sich nicht mit Milena aussöhnen können, und keiner von beiden hatte den ersten Schritt tun wollen. Jetzt waren diese Hemmungen plötzlich beseitigt.

Wer alles damals sein "Wißt ihr schon?" rief, erinnere ich mich wirklich nicht, ich weiß nur, daß das Telefon mit dem nahenden Morgen immer öfter läutete.

Als ich dann bei Großvater zu Besuch war – ich ging zu Fuß, weil die Straßenbahnen wegen der deutsch-tschechischen Aufschriften von den Leuten boykottiert wurden und ich mich nicht in einen Wagen setzen konnte –, streckte er nach dem Mittagessen den Kopf hinter der Zeitung hervor und fragte:

"Und was wird mit dem – mit dem Herrn Klinger, der bei euch wohnt?"

Ich wußte schon, daß Evžen unbedingt emigrieren mußte, und sagte es Großvater.

Der alte Herr versteckte seinen Kopf wieder hinter der Zeitung, und nach einer längeren Pause, in der er offenbar über meine Antwort nachgedacht hatte, sah er hervor und fragte:

"Und wohin will er, bitte?"

Ich antwortete, daß er nach England wolle, weil ich auch das schon wußte, und weil England ein Land war, das mir sehr prächtig vorkam und Evžens Abreise wenigstens meiner Meinung nach den Beigeschmack des Außergewöhnlichen verlieh.

Den alten Herrn beeindruckte das kaum, obwohl es ihn leicht verwunderte. Er schüttelte den Kopf und sagte:

"Auf den werden sie gerade warten, ausgerechnet auf den!" Dann stand er auf, wühlte im Schreibtisch und gab mir ein Päckchen und eine ausländische Banknote, ich weiß nicht mehr, wieviel sie wert war, es waren Dollars oder englische Pfunde.

"Gib ihm das, damit er was für den Anfang hat. Damit er dort nicht hungern muß. Er denkt wohl, daß er dort ankommt und gleich am Zug empfangen wird, was? Bevor er ein Unterkommen findet . . ."

Und er versteckte sich wieder hinter der Zeitung. Eine Weile saß ich still da, das Päckchen und die Banknote lagen vor mir auf dem Tisch, aber ich wagte nicht, sie zu nehmen. Dann entschloß ich mich doch dazu, ich steckte beides in die Tasche und verabschiedete mich von Großvater. Er murmelte diesmal nur etwas, womit er ostentativ deutlich machte, daß diese freundliche Geste und seine Solidarität mit Evžen selbstverständlich nichts mit Gefühlen oder Rührung zu tun hätten.

Als Milena das Päckchen ausgepackt hatte, heulte sie wie ein kleines Mädchen. Es enthielt außer einem Stück Zahngold die goldene Uhr, die Professor Jesenský einst zur Promotion bekommen hatte.

Evžen ging erst nach Polen. Ursprünglich war dieser Fluchtweg für unsere Flieger geschaffen worden, die über Polen nach Frankreich gelangen sollten. Die französische Regierung hatte ihnen zugesichert, sie in die Armee aufzunehmen und ihnen ihre Ränge zu lassen. Sie steckte jedoch die meisten in die Fremdenlegion, und einige wenige wurden zwar in die Einheiten der französischen Luftwaffe eingereiht, aber in einem niedrigeren Rang.

Auf die Möglichkeit, über Polen zu fliehen, war Milena von Joachim von Zedtwitz aufmerksam gemacht worden, einem deutschen Grafen mit Doktortitel und anarchistischer Weltanschauung, der, soweit ich mich erinnere, in Prag studiert hatte. Er stammte aus dem Zweig der Zedtwitze, der ziemlich lange in Böhmen ansässig war. Der Krieg war schon über ein Jahr vorbei, als mich Jochi einmal nach Asch auf seinen Stammsitz Neuschloß mitnahm, der ihm zu der Zeit noch gehörte, und mir – im Jahre 1946 – aus einem Fenster des Schlosses zeigte, wie weit er hier Lehnsherr sei.

Im Jahre 1939 war er es, der auf diesen Fluchtweg hinwies und damit auch auf die Möglichkeit, Menschen, die Verfolgung durch das Hitlerregime zu gewärtigen hatten, auf diese Weise zu retten – damals hauptsächlich Juden, die in jedem Falle bedroht waren.

Jochi war für die Tätigkeit in der Untergrundbewegung des Protektorats Böhmen und Mähren geradezu prädestiniert. Ein hellblonder, blauäugiger Deutscher mit einer so kernigen und unverfälschten Aussprache, daß man ihn deshalb nach dem Krieg beinahe in der Národní třída

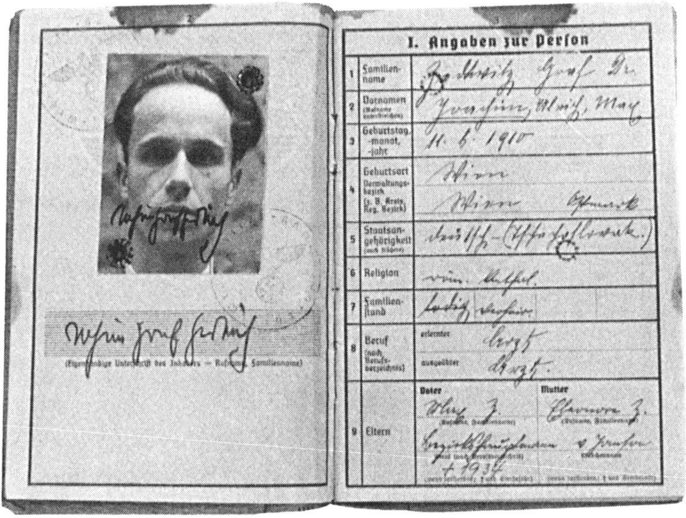

Wehrpaß von Joachim von Zedtwitz

Das Fluchtauto (Aero, 2 Cylinder)

aufhängte, mußte notwendigerweise bei jedem Besatzer tiefes Vertrauen erwecken. Er trug ein Hakenkreuz unter dem Revers und war bereit, sich damit zu dekorieren, sobald es notwendig war, und er reckte den rechten Arm zum deutschen Gruß glaubwürdiger als alle Parteigenossen.

Er besaß ein kleines zweisitziges Auto – es war wohl ein Ford –, ein höllisch lärmendes und ratterndes Gefährt, in dem er Flüchtlinge nach Polen brachte, von wo aus sie in andere Länder fahren konnten.

Jochi hatte verteufeltes Glück, denn was die Vorsicht betraf, so hielt er sich nicht an die Grundregeln der Konspiration. Soviel mir bekannt ist, hat jemand, der in der illegalen Bewegung tätig ist, ein unauffälliges, stilles Wesen zu sein, das zwar die Augen und Ohren überall hat, aber selber von niemandem bemerkt wird. Jochi war schon von weitem auffällig, laut wie eine Horde aufgescheuchter Paviane, und ihn bemerkte jeder.

Ich erinnere mich, wie er wegen Evžens Abreise zu uns kam und gerade vor unserem Hause einen Hund überfuhr. Der Hund jaulte und winselte, obwohl ihm nichts geschehen war, wie sich bald zeigte, und sein Besitzer stieß in patriotischer Erbitterung den Missetäter Jochi mit der Nase aufs Lenkrad. Jochi konnte ihm schließlich nicht erklären, daß er kein Nazi war – kam er doch gerade deshalb zu uns, weil sein nazistisches Aussehen ein idealer Deckmantel war. Vor dem Haus lief eine Menschenmenge zusammen, es gab Aufregung, Geschrei und Streit, und nur weil Jochi rechtzeitig flüchtete, stellte sich nicht auch noch Polizei ein.

Mit einem solchen Getöse, mit dem Leute von uns aus losfuhren, um illegal über die Grenze zu gelangen, fuhr nicht einmal der Kaiser zur Jagd.

Die Menschen, denen er bei der Emigration half,

machten es uns keineswegs leicht. Manchmal übernachtete jemand bei uns und wälzte selbstverständlich auf Milena alle Sorgen ab, die er mit der Abreise hatte. Aber daran war Milena gewöhnt, das war nicht so schlimm.

Schlimmer waren Emigranten, denen man erst erklären mußte, warum und hauptsächlich unter welchen Umständen sie das Land verließen. Ich erinnere mich, daß Jochi einmal einen maßlos verängstigten jüdischen Intellektuellen mitbrachte, der schon mehrere Tage vor der Abreise am ganzen Leibe schlotterte. Und ausgerechnet mit ihm geriet Jochi unterwegs in eine Kontrolle. Es passierte nicht viel, die deutsche Polizei schickte sie zurück, und Jochi brachte den Mann zu Milena, damit er hier übernachtete und sich darauf vorbereitete, am nächsten Tage nochmals loszufahren.

Den Burschen überwältigte jedoch die Angst, und er begann zu schreien, daß er Milena bei der Gestapo anzeige, das werde man ihm bestimmt als mildernden Umstand anrechnen, man solle ihn gleich gehen lassen, weil er dort sein müsse, bevor sie ihn abholten, damit er seinen guten Willen beweisen könne.

Milena versuchte eine Weile, ihn zu besänftigen, schließlich stopfte sie Schlaf- und Beruhigungstabletten in ihn hinein und steckte ihn ins Bett.

Danach mußte sie Jochi beruhigen, der wie ein Löwe im Käfig durchs Zimmer rannte und wütete:

"Das ist ganz einfach, ich sage ihm, daß wir zur Gestapo fahren, bringe ihn irgendwohin in den Wald, und an einer einsamen Stelle erschieße ich ihn wie einen Hund. Schließlich bin ich Bürger des Dritten Reiches, man wird mich nicht einsperren, weil ich einen Juden beseitigt habe. Wegen einem Scheißkerl lassen wir uns nicht den Weg kaputtmachen, auf dem Moses nach und nach sein ganzes Volk ins gelobte Land führen könnte . . ."

Es gelang Milena, auch Jochi zu beruhigen, morgens fuhr er mit dem Kerl nach Polen, sie wurden nicht gefaßt und nicht zurückgeschickt, und wenn der Mann nicht gestorben ist, lebt er noch heute irgendwo in Ruhe und Frieden.

Am schlimmsten von allem war der Streit darüber, was man mitnehmen könne und was nicht. Schmuck, Geld, Gold, Möbel – so viel Wertsachen wie möglich, wenn man schon ins Ungewisse fährt. Jochi und Milena mußten erklären, warum das nicht ging und warum es gefährlich war. Aber bei einem Menschen, der verbissen sein Gold verteidigt, nutzen Überredungskünste wenig, es mußte schon um Kopf und Kragen gehen. So drohte Jochi schließlich, er würde sie mit ihrem Kram einfach nicht mitnehmen, und basta. Bei manchen half auch das nicht. Wenn sie ihren Besitz zurücklassen sollten, fuhren sie lieber gar nicht. Einer von ihnen, an den ich mich erinnere, starb in der Gaskammer, und vielleicht war das für ihn ein glücklicheres Schicksal, als wenn er mit leeren Händen hätte fortgehen müssen. Er hing an seinen Schätzen offenbar wirklich mehr als an seinem Leben.

Aber es fuhren viele, und alle gelangten in Sicherheit. Jochis rein germanisches Aussehen war ein sicherer und verläßlicher Schutz, besser als alle Vorsicht.

Ursprünglich wollte Evžen uns gleich mitnehmen. Dann ließ er sich durch das Versprechen beschwichtigen, daß wir in wenigen Wochen nachkommen würden. Er konnte nicht länger warten, Prag war für ihn ein zu gefährliches Pflaster, es wäre sinnlos gewesen, weiter das Leben zu riskieren, deshalb brachte ihn Jochi eines Morgens mit seinem kleinen Auto nach Polen.

Und plötzlich, sobald sie unseren Blicken entschwunden waren, drang das ganze Grauen der letzten Tage bis in unser Inneres. Wir fühlten uns wie nach einem Brand, flohen auf die Straße, fort aus der Wohnung, die auf einmal leer war, wo die Wände auf uns einstürzten.

Es gelang uns nicht, den schlimmen Gedanken zu entfliehen, ständig rechneten wir, wo die beiden inzwischen sein könnten, und drückten die Daumen, daß sie durchkämen und ihnen nichts zustieße. Milena wurde gesprächig, sie erzählte mir alles mögliche, meist sprach sie von Evžen und über die letzten Jahre, von der Angst, Evžen nie wiederzusehen. Diese Angst hatte sie in seiner Gegenwart nie gezeigt, sie konnte sich jedoch nicht davon befreien.

Abends saßen wir lange da, wir konnten uns nicht entschließen, die Betten aufzudecken – zum ersten Male nur für uns beide. Schließlich legten wir uns nebeneinander und bemühten uns, nicht an das leere Zimmer auf der anderen Seite des Flurs zu denken.

Seit Evžens Abreise redete Milena mit mir noch offener und vertraulicher als vorher – doch was versteht schon ein Kind von elf Jahren! Ich konnte sie anhören, mehr konnte ich nicht. Völlig begreifen, was sie sagte, vermochte ich erst viel später. Also versuchte ich nur, sie irgendwie aufzuheitern, was mir meist nicht gelang.

Evžen bereitete in Polen sogleich alles für Milenas Ankunft vor, und nach kurzer Zeit meldete er sich auch schriftlich. Er hatte einen Kurier gefunden, mit dem er einen Brief schickte und über den ihm Milena auch sofort antworten konnte. Immer wieder drang er auf sie ein, die Abreise nicht aufzuschieben, möglichst schnell nachzukommen, ohne Rücksicht auf alles andere.

Milena hatte in Prag viel zu tun und verschob die Abreise von einer Woche zur anderen. Es gab immer noch den zuverlässigen Fluchtweg, und es gab genügend Menschen, die unbedingt fliehen mußten. Außerdem arbeitete

Milena an der illegalen Zeitschrift *V boj* mit, sie schrieb Artikel und vertrieb das Blatt. Zu Hause lagen ständig viele Exemplare herum, zumindest befand sich ein Stoß unter der Wäschetruhe.

Das Schicksal der *Přítomnost* war ungewiß, zuerst gelang es Milena, mehrere Artikel zu veröffentlichen, die der Zensur nicht auffielen, weil der Zensor noch nicht mit den örtlichen Verhältnissen vertraut war, und dann, als die *Přítomnost* nicht mehr erschien, war wiederum lange Zeit nicht klar, ob das wirklich definitiv war.

Aber hauptsächlich und vor allem – Milena wollte in Wahrheit nicht aus Prag fort. Worum sich einst ihr Vater vergeblich bemüht hatte, gelang den deutschen Okkupanten. In Milena erwachte ein patriotisches Gefühl, das Gefühl der Zusammengehörigkeit mit dem Lande, in dem sie geboren wurde und das sie in einer Zeit der Gefahr nicht verlassen wollte. Letztendlich war nicht einmal sicher, ob sie unmittelbar bedroht war. Bei den Menschen, deren Flucht sie organisierte, war das anders. Es waren meist Juden, und sie hatten lediglich die Wahl: entweder zu emigrieren oder eines Tages in ein Konzentrationslager gebracht zu werden. Milena könnte jedoch in Freiheit überleben – sofern man das Leben im Protektorat als Freiheit bezeichnen durfte – und könnte hier nützlicher sein als im Ausland.

Milena schwankte zwischen diesen Gefühlen einerseits und der Angst um mich und der Sehnsucht nach Evžen andererseits, sie schrieb Briefe, in denen sie versicherte, daß sie bald kommen würde, und schob die Entscheidung immer weiter hinaus.

Zu uns kamen viele neue Leute, einige erschienen nur einmal, und öfter sahen wir sie nicht, andere besuchten uns häufig und regelmäßig – es war eine Zeit, in der sich die Menschen leicht einander näherten.

In dem Jahr bereitete ich mich auf die Aufnahmeprüfung für das englische Gymnasium vor, das noch nicht geschlossen war. Ich sollte möglichst viele Sprachen lernen, immer ärgerte es Milena ein wenig, daß sie selber nur Deutsch konnte. Weil ich das Jahr zuvor krank gewesen und nicht zur Schule gegangen war, mußte mir jemand helfen. Ich glaube, es war Jan Stern, der Milena mit Lumír Čivrný bekannt machte – und so kam Lumír erst, um mir Stunden zu geben, dann befreundete er sich mit Milena und nahm auch an ihrer illegalen Arbeit teil. Er gehörte zu den wenigen Menschen, an die sich Milena noch im Lager erinnerte und die sie in Prag in den letzten schweren Tagen wirklich gern hatte.

Dann kamen die letzten Ferien, Juli und August 1939.

Woher Milena von Medlov erfahren hatte, weiß ich nicht. Ich erinnere mich auch nicht mehr, warum es gerade Medlov war, wohin sie mich schickte, um im August nachzukommen.

Damals war Medlov ein Ferienlager für Mädchen; an einem See mitten im Walde standen mehrere Holzhäuser. Verwaltet wurde das Lager von Leoš Stehlík und seiner Frau Aglája, es war ein unbeschreiblich schöner Ort. Ich fuhr Anfang Juli hin. Anfangs gefiel es mir nicht, ich vermißte Milena, und unter Kindern fühlte ich mich nicht allzu wohl. An den Juli erinnere ich mich auch kaum, ich weiß nur, daß Milena traurige Briefe schrieb, sie klagte, Prag sei menschenleer, viele Freunde seien fort, und sie sehe auf den Straßen nur lauter fremde Gesichter.

Der Frühling vor den Ferien war eigentlich ein großes Abschiednehmen gewesen, und wer nicht emigriert war, stand mit einem Bein im Gefängnis.

Der Krieg hing an einem seidenen Faden, die Menschen wünschten ihn herbei und fürchteten ihn, niemand wußte, ob er am nächsten Tag noch im eigenen Bett schlafen oder ob seine Frau vom Einkaufen heimkommen würde. Bekannte, die einander eine Woche nicht gesehen hatten, atmeten erleichtert auf, wenn sie sich auf der Straße begegneten, lebendig und noch nicht eingesperrt.

Und in dieser Atmosphäre kamen im August, im herrlichen Hochsommer, für einen Monat Schauspieler, Maler, Fotografen, Journalisten, Dichter, Studenten und Musiker nach Medlov, allen war bewußt, daß das wohl für lange Zeit die letzten Ferien sein würden und daß diese Ferien eigentlich als ein Geschenk des Himmels zu betrachten seien.

Jedes Häuschen hatte zwei kleine Zimmer, und in jedem Zimmer standen zwei Betten, außerdem gab es am Wald ein Gemeinschaftsgebäude mit einem Speiseraum und einer kleinen Bar. Im Kamin brannten abends dicke Eichenscheite.

Wir wohnten mit Jaromír und Riva zusammen, sie hatten ein Zimmer, wir das andere.

Anfangs bemühten wir uns alle, so zu tun, als wäre nichts geschehen und als hätte man nichts zu befürchten. Als sei man in den Urlaub gefahren und wolle jetzt nur in der Sonne liegen, durch den Wald streifen, im See schwimmen oder durch das Schilf waten. Doch wenige Tage vor Kriegsausbruch und bei der völligen Ungewißheit ging das einfach nicht. Wir waren keine Sommergäste. Wir waren verängstigte, unsichere Menschen, die nicht wußten, ob ihnen morgen ein Sonnenaufgang oder das Ende der Welt bevorstand.

Ich verstand natürlich wenig und hörte alles nur von Milena. Da sie bei mir war, kam ich mir keineswegs verlassen vor.

Den Erwachsenen schwankte jedoch der Boden unter den Füßen. Nach wenigen Tagen schlossen sie sich zusammen, als Gruppe fühlten sie sich sicherer. Diese Annäherung geschah sehr schnell. Die Abende verbrachten alle gemeinsam, am Lagerfeuer oder auf den Veranden der Häuschen, in enger Nähe, buchstäblich einer auf den anderen gestützt. Der Liebe war der helle Tag vorbehalten. In der Mittagssonne liebten sich die Paare auf Lichtungen des umliegenden Waldes, und vor dem Dunkelwerden kehrten sie umarmt ins Lager zurück. Alle wußten von allen vertraulichen Beziehungen, nichts war ein Geheimnis, und niemand vermochte etwas zu verbergen.

Jemand hatte den Einfall, vor der Abreise ein Fest mit einem Maskenzug und einer Theatervorstellung zu veranstalten, mit Ständen auf der Wiese und allerlei Lustbarkeiten. Man begann also, ein Theaterstück zu proben, Burians "Volkssuite", nähte Kostüme und fertigte Masken an. Auf der Wiese begegneten sich geschminkte, kostümierte Menschen in der prallen Sonne, Jahrmarktssoldaten und Prinzessinnen, die kreischenden Laute des improvisierten Maskenzuges waren weithin zu hören und kehrten als Echo verzerrt zurück. Alle waren ein bißchen hysterisch, und es sah aus, als wären sie angetrunken.

Milena geriet aus einer Stimmung in die andere. Oder genauer gesagt, sie hatte alle Stimmungen zugleich. Sie versprühte Witz und Spott, war geistreich und irrsinnig fröhlich und gleichzeitig todtraurig, und in der Nacht schwamm sie im See, mit ungleichmäßigen Zügen wegen des lahmen Beins, und ließ sich wie eine Ertrunkene vom Wasser tragen. Als sie zum Ufer zurückkehrte, wurde sie von einem Studenten begrüßt, der angestrengt versuchte, das Gleichgewicht zu halten, und dabei leise sang: "Ich bin der Irre aus Pampeluna, und fürchte den Schein der bleichen Luna . . ."

Auf die Nachricht, daß die UdSSR und Deutschland einen Nichtangriffspakt geschlossen hatten, folgte bald eine andere. Die Nachricht vom Ausbruch des Krieges zwischen Deutschland und Polen.

Wir konnten nicht heimfahren, sondern mußten uns einige Tage in den Holzhäuschen mitten im Walde aufhalten und abwarten. Nun war sicher, daß es wirklich die letzten Ferien waren. Und Milena wußte, daß der Weg zu Evžen versperrt war. Sie konnte zwar noch einen anderen suchen, aber das war ziemlich aussichtslos.

In Prag auf dem Bahnhof blieb sie stehen. Sie sog die Prager Luft ein und sagte mir nur, daß sie umkehren und wenigstens für eine Stunde zurückfahren wolle. Und am Abend erklärte sie plötzlich unvermittelt: "Jetzt ist also die Ruhe endgültig vorbei. Wir werden keine Stunde mehr welche haben . . ."

Nach den Ferien machte sie sich wieder an die Arbeit. Die *Přítomnost* erschien nicht mehr, Peroutka war verhaftet, eine Reihe von Freunden und Bekannten ebenfalls, und jeden Tag erfuhren wir von einer neuen Festnahme. In unserer Wohnung in der Kouřimská sah ich alte und neue Gesichter, Jochi war hier täglicher Gast, auch Lumír kam fast jeden Tag, und außerdem suchten viele Menschen bei Milena Rat und Hilfe, sie lief auf die Ämter und erledigte, was noch zu erledigen ging.

Ein solches hilfloses Wesen, von denen es jetzt in Prag viele gab, war auch Ferdinand Peroutkas Gattin. Diese Dame, die in ihrem Leben nur Wohlstand und Luxus kannte, war wohl als dekorativer Gegenstand vorzüglich geeignet, aber nicht als Frau eines verhafteten Journalisten. Sie war nicht einmal imstande, ins Petschek-Palais zu gehen, festzustellen, wo ihr Mann sich befand, und ihm wenigstens die notwendigsten Sachen zu bringen. Schließlich fuhr Milena dorthin, und als sie endlich mit einem Karton Unterhosen, Hemden und Socken vor dem zuständigen Kommissar stand, fragte dieser spöttisch und mit zweideutigem Lächeln:

"Sie bringen also Wäsche für Herrn Peroutka. Könnten Sie mir sagen, wie Sie eigentlich zu Peroutkas Wäsche gekommen sind?"

In solchen Situationen dachte Milena einfach nur logisch.

"Ganz einfach, Herr Kommissar. Ich bin in seine Wohnung gegangen, habe den Schrank geöffnet, in dem die Wäsche von Herrn Peroutka liegt, habe sie in den Karton gepackt, und hier ist sie."

Er nahm sie ohne jede weitere Bemerkung entgegen.

Zu den Freunden, die jetzt in die Kouřimská kamen, gehörten Fredy Mayer und seine Frau, zwei vortreffliche, liebenswürdige Menschen, die wohl kaum mehr erleiden konnten, als sie schon erlitten hatten. Fredy hinkte nach einer Kinderlähmung, und seine Frau Jozi war bucklig. Sie hatten einen Sohn gehabt, Petr, einen hübschen gesunden Jungen, der mit zehn Jahren an Kinderlähmung starb. Ihre Tochter hatten sie nach Amerika vorausgeschickt, und jetzt waren sie in Prag allein. Petr war erst vor kurzem gestorben, und die Tochter war gerade abgereist, ihre glückliche Ankunft in Amerika erschien sehr ungewiß – es gab also allen Grund zum Klagen. Sie klagten überhaupt nicht. Sie kamen abends, saßen auf der Terrasse, in Plaids eingehüllt, scherzten, sofern sie das konnten, schwiegen. Zu mir waren sie so lieb und aufmerksam, wie es zu einem fremden Kind nur Menschen sein können, die ein eigenes verloren haben, sie borgten mir Bücher ihrer Tochter, um mir zu zeigen, wie sehr sie mir vertrauten, und so oft ich zu ihnen kam, erlaubten

Milena Jesenská kurz vor ihrer Verhaftung (1939)

sie mir, im Zimmer ihrer Tochter zu sitzen und mich mit ihren Sachen zu beschäftigen.

Milena fühlte sich bald äußerst müde. Sie war überempfindlich, ständig erinnerte sie sich an etwas, was sie aufwühlte, sie verfiel in Depressionen, schlief nachts nicht, sondern irrte auf der Radioskala von Stadt zu Stadt, und jede bekannte Melodie oder ein Wort, an das sich Erinnerungen knüpften, brachten sie zum Weinen.

Einmal schickte sie mich hinunter in den Laden, doch ich sah durch das Kellerfenster ein schwarzes Kätzchen, und obwohl Milena auf mich wartete, kroch ich ihm nach. Es dauerte eine Weile, bis ich in den Keller gelangt war und das Kätzchen gefangen hatte, und erst dann, mit dem Tier im Arm, rannte ich einkaufen. Als ich heimkam, bat ich gleich in der Tür um Verzeihung und zeigte auf das Kätzchen als Beweis dafür, daß ich mich nicht unnötigerweise aufgehalten hatte. Trotzdem fürchtete ich Milenas ärgerliche Worte.

Statt dessen begann sie zu weinen. Nicht wegen meines späten Kommens, das verstand und verzieh sie. Voller Wehmut sagte sie zu mir:

"Früher war ich es, die immer Katzen in der Wohnung hatte, aber jetzt bin ich zu alt, und du bist schon groß. So wirst du jetzt Katzen haben . . ."

Ich hätte lieber ein paar Ohrfeigen bekommen, und es dauerte ziemlich lange, bis ich das Kätzchen losließ.

Das Gefühl, ständig gefährdet zu sein, hatte Milena nicht. Ihre Interventionen bei deutschen Behörden blieben wie durch ein Wunder ohne Folgen, obwohl manche ziemlich gewagt waren, und vorläufig befaßte sich die Gestapo nicht mit ihr. Sie war ruhig, gefährlich und unsinnig ruhig, als könnte ihr nicht viel geschehen.

Bis zu dem Sonnabend, dem 11. November 1939.

Die fertigen Exemplare der illegalen Zeitschrift holte meist ich ab. Ich war elf Jahre, hatte einen Haarschnitt wie ein Junge, trug Trainingshosen und einen Pullover über einem gestreiften Trikot – jeder hielt mich für ein Kindchen, das nicht einmal eine Ahnung davon hat, was eine illegale Zeitschrift ist. Von allen Menschen, die in Betracht kamen, erweckte ich entschieden den geringsten Verdacht.

Außerdem hatte ich schon praktische Erfahrungen, die allerdings mit der damaligen Situation nicht vergleichbar waren – denn als Evžen in der Illegalität war, suchten ihn Polizisten mehrmals bei uns, einmal sogar, als er sich im Bettkasten versteckt hatte. Und mit den Spitzeln, die zu uns kamen, hatte ich öfter verhandelt. Ich versicherte ihnen mit der unschuldigsten Miene, daß sie sich ganz bestimmt irrten, wenn sie meinten, Evžen sei vor zehn Minuten ins Haus gegangen, weil er dort nicht sei – und die Legende von der kindlichen Unschuld, eine Legende, die durch Lesebücher und Farbdrucke im Bewußtsein der Menschen genährt wird, tat das übrige.

Bevor ich mich aufmachte, rief Milena in Vinohrady an, um mich anzukündigen. Am Telefon meldete sich jedoch ein völlig Unbekannter, eine fremde Stimme. Milena sagte nicht ihren Namen, sondern fragte nur, ob der Wohnungsinhaber zu Hause sei, und als man ihr sagte, er sei nicht da, würde aber bald wiederkommen, legte sie auf.

Von dem Moment an setzte sich die ganze Lawine aus Leichtsinn, Unvermögen und einfach unbegreiflicher Selbstsicherheit in Bewegung. Milena hatte das Gefühl, daß ihr nichts passieren könne, sie habe verteufeltes Glück, und wenn ihr bisher nichts geschehen sei, so bleibe es auch so.

Als sie den Hörer aufgelegt hatte, dachte sie darüber

nach, was in der Wohnung vorgefallen sein könnte. Schließlich meinte sie, es sei wohl nicht so schlimm, und obwohl jemand mit ihr gesprochen hatte, dessen Stimme sie nicht kenne, so habe er doch tschechisch gesprochen, könne also ein Besucher sein, und wenn ihn der Hausherr allein in der Wohnung gelassen habe, sei es bestimmt jemand, dem er vertraue.

Trotzdem rief sie am Sonntag noch einmal an. Seltsamerweise meldete sich wieder derselbe Mann, und wieder behauptete er auf tschechisch, daß der Hausherr gleich wiederkomme, er fragte sogar, ob er etwas ausrichten solle.

Milena sagte, sie würde noch einmal anrufen, und mir erklärte sie, ich solle sagen, daß ich Bücher holen komme, die sie nötig brauche. Und wenn zufälligerweise die Gestapo in der Wohnung sei, solle ich darum bitten, meine Mama anzurufen und zu fragen, um welche Bücher es sich handle.

Ich machte mich also auf den Weg, Milena blieb in der Kouřimská, wo auch Lumír in einem Sessel saß und wo ein Stoß illegaler Zeitschriften unter der Wäschetruhe lag.

Die Gestapo war natürlich schon in der Wohnung. Mir öffnete ein tschechisch sprechender Spitzel, der nach Polizei roch wie der Teufel nach Schwefel, und er fragte mich mit süßlicher Stimme, was ich wünsche. Ich sagte ihm also, daß ich wegen der Bücher komme, die der Herr Major meiner Mama borgen wollte und die sie heute nötig brauche. Er fragte, um welche Bücher es sich handele, und ich antwortete, daß ich das nicht wisse, aber zu Hause anrufen und meine Mutter fragen könne.

Bis hierher war alles nach Milenas Vorstellungen verlaufen.

Als ich gesagt hatte, daß ich zu Hause anrufen wolle, lachte der Polizist und erklärte, er würde mich zu meiner Mama bringen und wir würden sie direkt fragen. Aus dem Nebenzimmer kam ein anderer Kerl, der deutsch sprach. Beide berieten darüber, wer fahren solle. Schließlich blieb der tschechische Polizist in der Wohnung, und der Deutsche ging mit mir hinunter zum Auto.

Ich versuchte, mich irgendwie herauszuwinden, konnte ihn aber lediglich eine Weile aufhalten.

Und so fuhren wir in die Kouřimská, wo Milena war, wo Lumír immer noch im Sessel saß, und wo unter der Wäschetruhe ein Stapel *V boj* lag.

Daß bei der Haussuchung niemand darauf verfiel, die Wäschetruhe beiseite zu rücken, war ein wahres Wunder, das mir bis heute rätselhaft ist. Sonst durchsuchten sie gründlich die ganze Wohnung, zwischen Büchern fanden sie einen Brief von Jochi und einige beschriebene Blätter, die ihnen verdächtig vorkamen, und das war wohl alles.

Als sie mir sagten, daß sie Milena für vierzehn Tage mitnehmen würden, kam mir das schrecklich lange vor, aber ich glaubte anfangs wirklich, es handele sich nur um vierzehn Tage. Ich war ruhig, weil sie die Wäschetruhe nicht beiseite gerückt hatten, gerade das hatte ich die ganze Zeit am meisten befürchtet.

Schließlich nahmen sie Milena und natürlich auch Lumír mit . . .

Bevor sie losfuhren, sagte mir Milena, ich solle gleich zu Mayers gehen und bei ihnen bleiben, bis sie wiederkomme.

Ich blieb in der Kouřimská mit einem schwarzen Kater und der Bescherung unter der Wäschetruhe allein zurück. Von den Zeitschriften verbrannte ich Blatt für Blatt über einem Eimer, es war ein großer Stoß, nach einer Weile drang aus allen Fenstern Rauch. Herr Běloch, der Hausmeister, kam gelaufen und fragte, was um Gottes willen passiert sei. Ich erklärte ihm, daß ich ein Wischtuch verbrannt habe, was etwas qualme, und er versicherte mir, das Wischtuch hätte ich ruhig im Heizkeller verbrennen können ... Milena besaß die Gabe, auch bei Hausmeistern beliebt zu sein.

Bis ich die Schulsachen eingepackt, meine Zahnbürste gesucht und den Kater in eine Einkaufstasche gesteckt hatte, damit ich ihn in der Straßenbahn mitnehmen konnte, war es draußen stockfinster. So fuhr ich wieder einmal mit der Straßenbahn durch die abendliche Stadt, durch die beleuchteten Straßen.

Milenas Sachen ließ ich zurück, sie gingen später irgendwie verloren, als Großvater die Wohnung in der Kouřimská auflöste. Und mit diesen Sachen ging auch das kleine Kreuz verloren, das Milena über ihr Bett gehängt hatte, obwohl sie nicht gläubig war. Es war von der Wand gefallen, als Großmutter Jesenská starb, vor ihrem Tode hatte sie auf dieses Kreuz und dann auf ihre Tochter gezeigt. Milena nahm es an sich, klebte den an zwei Stellen geplatzten Marmor und hütete es. Das Kreuz hing in Wien, in Dresden, in den möblierten Zimmern und in den Wohnungen in Prag, zuletzt in der Kouřimská. Durch eine merkwürdige Gesetzmäßigkeit verschwand es dann, und ich habe es nie wiedergefunden.

VII

Nach dem Verhör im Petschek-Palais brachte man Milena in den Pankrác, das Prager Gefängnis. Dort blieb sie eine gewisse Zeit, und als die Gestapo die Ermittlungen abgeschlossen hatte, sollte in Dresden die Gerichtsverhandlung stattfinden. In Dresden mußte Milena warten, bis ihr Fall an der Reihe war, es verflossen Wochen und Monate, unterdessen verschlechterte sich ihr Gesundheitszustand immer mehr. Sie hatte Gelenkrheumatismus und eine schlimme Parodontose, hinzu kam ein infektiöser Ausschlag, der die Haut zerfraß und äußerst schmerzvoll und hartnäckig war.

Endlich war die Verhandlung. Da es sich um ein deutsches Gericht handelte, wurden alle Formalitäten geradezu peinlich genau eingehalten. Milena erhielt innerhalb der vorgeschriebenen Frist die Anklageschrift, und ihr wurde sogar ein Pflichtverteidiger angeboten, auf den sie Anspruch hatte, weil es um einen ernsten Fall ging und die Verhandlung nicht in ihrer Muttersprache geführt wurde. Milena lehnte den Verteidiger ab, das Deutsche machte ihr keine Schwierigkeiten, und sie gedachte nicht, sich einem Fremden auszuliefern. Sie verteidigte sich selbst und erreichte, daß sie mangels Beweisen freigesprochen wurde. Damit verlor das Dresdner Gericht das Interesse an ihr, sie wurde nach Prag zurückgebracht.

Hier sollte sie ursprünglich freigelassen werden, aber die Prager Gestapo ließ nur ungern jemanden frei, den sie schon einmal hatte. Der zuständige Kommissar meinte, daß es eigentlich nicht darum gehe, was Milena getan habe, sondern eher darum, was sie tun würde, wenn man sie jetzt frei ließe, und entschied, sie ins Konzentrationslager Ravensbrück zur Umerziehung zu schicken – selbstverständlich für unbestimmte Zeit –, damit aus ihr eine loyale Bürgerin des Großdeutschen Reiches würde.

Ich sah Milena zum letzten Male bei dem Besuch, den man ihr vor dem Abtransport nach Ravensbrück gestattete. Mit Großvater wartete ich auf einem Flur des Petschek-Palais, der alte Herr schaute finster drein, und ich wagte nicht, ihn anzusprechen. Wir blickten beide in eine Richtung – zu der Ecke des Flurs, woher Milena kommen sollte. Und als sie uns endlich in Begleitung eines Kommissars entgegenkam – erkannte ich sie nicht wieder . . .

Mager, das Haar bis auf die Schultern, vorspringende Backenknochen und riesige blaue Augen – sie ähnelte weit eher der Milka, die ihr Vater kannte, als der Milena, an die ich mich erinnerte, aber auch er begriff im ersten Moment nicht, daß sie es war. Erst an ihrem hinkenden Gang erkannte ich sie.

Der Kommissar ließ uns eine Weile allein in einem Raum – Milena hatte schon alle Verhöre hinter sich, er brauchte nichts zu befürchten –, und ich erzählte also schnell und begeistert, daß wir in der Schule den Deutschunterricht sabotieren, daß wir nicht lernen und so tun, als könnten wir es nicht. Ich dachte, darüber würde sie sich riesig freuen, aber Milena lachte nur und sagte, ich sei ein Dummerchen, das Deutsche sei eine der schönsten Sprachen überhaupt und könne nichts dafür, wer es spreche. Großvater verfinsterte sich leicht – er dachte darüber etwas anders, sagte aber nichts.

Es war kein langer Besuch – oder mir kam es so vor, jedenfalls hatte ich den Eindruck, daß es nur ein Moment war.

Milena wollte nie, daß ich "Küß die Hand" grüßte oder alten Damen bei der Begrüßung die Hand küßte, immer lachte sie darüber, sie nannte das Affenpossen, und ich wußte nicht einmal richtig, was Handküssen bedeutet. Als ich jedoch neben ihr am Tisch saß und ihre abgemagerte, weiße Hand mit den geschwollenen Gelenken sah, überkam es mich und ich küßte ihr den Handrücken. Sie blickte mich sehr fragend an, vielleicht befürchtete sie im ersten Moment, daß das nur Affenpossen waren, die man mir während ihrer Haft beigebracht hatte, und als sie sah, daß alles ganz anders war und daß Großvater mich mit dem gleichen Erstaunen wie sie anblickte, lachte sie sehr leise und sehr lieb, und über ihr Gesicht kullerten zwei große Tränen.

Als der Besuch beendet war, begleitete ich sie auf den Flur, und erst dort verabschiedete ich mich von ihr. Seitdem habe ich sie nicht wiedergesehen.

Erst aus Margarete Buber-Neumanns "Kafkas Freundin Milena" erfuhr ich, daß sie diesen Besuch ebenso wie ich im Gedächtnis bewahrte und daß ihre Erinnerungen daran ebenso schwer waren wie die meinen.

Einst hat jemand – irgendwann und irgendwo – eine Ordnung erdacht, die für Gefängnisse gelten sollte, und seit der Zeit leben Menschen hinter Gittern nach dieser Ordnung. Wer diese Regeln ersonnen hat, weiß ich nicht, und ich weiß nicht, wovon er sich dabei leiten ließ. Ich weiß nur, daß sie für alle Gefängnisse gleich sind, und es ist beinahe gleichgültig, um welchen Staat und um welches Regime es sich handelt.

Diese Ordnung enthält etwas, wovon man eine Gänsehaut bekommt, etwas Entsetzliches, das sich jedem Verständnis entzieht. Ein Stereotyp, das in dem Moment wirksam wird, wenn sich eine Gesellschaft entschließt, eines ihrer Glieder der Freiheit zu berauben, ein Stereotyp, über das man kaum sprechen kann und das man nur mit der geringen Hoffnung beschreiben kann, daß etwas begriffen wird, was ein Mensch eigentlich kaum zu begreifen vermag.

Bevor ich ein Jahr im Pardubicer Frauengefängnis verbrachte, hatte ich genug darüber gelesen, genug darüber, wie die Menschen in Lagern und Gefängnissen lebten, und wie sie in Ravensbrück gelebt hatten. Und immer wieder hatte ich mir darüber von Milenas Mitgefangenen berichten lassen.

In Pardubice merkte ich, daß ich einfach nichts begriffen hatte.

Mir fällt wirklich nicht im Traum ein, die Konzentrationslager mit dem Pardubicer Gefängnis zu vergleichen. In der Zeit, als ich dort war, ging es nicht um Leben und Tod, niemandem drohte die Gefahr, in eine Gaskammer zu kommen, und niemand mußte nur deshalb einen vorzüglichen Gesundheitszustand vortäuschen, um nicht als minderwertiges Individuum liquidiert zu werden.

Darum geht es nicht.

Es geht auch nicht um die Appelle, die in einigen Einzelheiten ziemlich gleich sind – ich kann leicht begreifen, daß man in jedem Gefängnis die Insassen zweimal täglich zählen muß und daß man das nicht anders tun kann, als sie in Fünferreihen aufzustellen. Das ist einfach nicht anders möglich und muß sein.

Es geht mir darum, nach welchen Kriterien die privilegierten Gefangenen ausgewählt werden und nach welchen Kriterien die Klassenunterschiede unter den Menschen hinter dem Gefängnistor geschaffen werden. Es geht um das System der Selbstverwaltung und darum, wie das Machtstreben ausgenutzt wird, das jeder Mensch besitzt, und ein Mensch, der aller Rechte ledig ist, erst recht. Es ist einfach unsinnig zu glauben, daß ein Mensch im Gefängnis ein solidarisches Verhältnis zu seinen Mitgefangenen hat. Er hat es zu einigen wenigen, die er sich im Laufe der Zeit als Freunde auswählt – aber er hat es nicht zu allen und kann es nicht zu allen haben, mit denen er eingesperrt ist. Und sobald er nur die geringste Machtbefugnis erhält, nutzt er diese augenblicklich aus – von einigen wertvollen Menschen abgesehen –, um sein Selbstbewußtsein zu heben, das durch die Tatsache beschädigt ist, daß er wie ein Tier in einen Käfig eingesperrt wurde und nichts dagegen tun kann.

Auf diesem Prinzip beruht die Selbstverwaltung in Pardubice, und darauf gründete sich die Selbstverwaltung in deutschen Lagern. Es galt bei der Bestimmung der Stubenältesten und der Anweisungshäftlinge, es ist einfach ein Bestandteil des Gefängnislebens – gleich, welche Gesellschaft das Gefängnis unterhält.

Zu begreifen, was in deutschen Konzentrationslagern geschah, heißt nicht nur, etwas über Menschen in Uniformen zu wissen. Man muß auch etwas über die Gefangenen wissen. Denn nicht nur die Bewacher machen das Leben derjenigen, die hinter Gittern oder Stacheldraht eingeschlossen sind, zur Hölle. Das tun auch – und manchmal sogar hauptsächlich – ihre Mitgefangenen.

Das ist jedoch nicht zufällig so, und es ist nicht abhängig davon, mit wem jemand eingesperrt ist. Es ist ein Bestandteil des Systems, das ist einkalkuliert. Und wenn dann im Laufe der Inhaftierung die Mitgefangenen zu

Feinden werden, bleibt der wirkliche Feind stets derjenige, der bewußt und absichtlich eine Ordnung errichtet hat, die so etwas nicht nur erlaubt, sondern sogar befiehlt. Es ist eine stereotype Ordnung, die ein Herrschaftssystem vom anderen übernimmt, eine Ordnung, die vererbt wird wie Großvaters Kaffeetasse, die weitergegeben wird wie eine Stafette. Eine Ordnung, die selbst einem System, das Menschen wirklich nur einsperrt, um sie zu bessern, nicht erlaubt, daß es sein Ziel erreicht. Denn in dem Augenblick, wenn es diese Ordnung übernimmt, begibt es sich der Hoffnung auf Erfolg.

Was ich über Milenas Aufenthalt in Ravensbrück weiß, ist einer der erschreckendsten Beweise dafür, was Haß, Verblendung, Fanatismus und Bosheit vermögen. Ein Beweis dafür, was das in die Praxis umgesetzte System vermag, von dem die Rede war.

Vor mir liegen Aufzeichnungen von Berichten einiger Mitgefangener, die mir mitteilten, was sie erlebt und gehört hatten. Manches ist interessant und manches ist sogar für Milena sehr typisch. Trotzdem verspüre ich wenig Lust, das hier anzuführen. Es sind Berichte, darum geht es jetzt nicht. In ihnen wird nur bestätigt, was ich über Milena weiß: daß sie furchtlos und kämpferisch war, daß sie Menschen für sich zu gewinnen vermochte und daß ihr ganzes Verhalten und jede einzelne Handlung von einem natürlichen und selbstverständlichen Humanismus geprägt waren – trotz aller Anfeindungen und trotz aller Erfahrungen und Erlebnisse, die sie so genau im Gedächtnis bewahrte. Und daß sie eine zumindest außergewöhnliche innere Stärke besaß, die ihr ermöglichte, auch das offenbar Unerträgliche zu ertragen.

Sie hatte in Ravensbrück eine Reihe von Freunden,

ich habe nach dem Krieg selber mit einigen Mitgefangenen gesprochen, die sie gern hatten und die sich bemühten, ihr das Leben in Ravensbrück zu erleichtern, soweit das möglich war.

Das Wichtigste über das Ravensbrücker Lagerleben erfuhr ich jedoch aus dem Brief der Frau, die mir später Milenas Zahn brachte. Sie schrieb den Brief gleich nach der Heimkehr, noch bevor wir uns trafen, und sie versuchte, darin die ganze Geschichte von Milenas Lageraufenthalt so verständlich wie möglich zu beschreiben. Aber damals habe ich das kaum verstanden. Erst später gelang es mir, allmählich, Stück für Stück, zu erkennen, was sich dort abgespielt hatte und was dann entweder verschwiegen oder verzerrt wurde.

Als Milena ins Lager kam, wurde sie von allen Tschechinnen gut aufgenommen, und auch Kommunisten, die sie kannten und denen ihre Einstellung nicht verborgen war, verhielten sich freundlich. Wenn auch zwischen Milena und ihnen keine allzu feste Bindung bestand, so gab es doch keine offene Feindschaft.

Milena war selbstverständlich froh darüber – alte Prager Kontroversen fortzuführen hatte keinen Sinn, im Lager sollten sie lieber alle im guten miteinander auskommen und sich nicht streiten.

Das dauerte eine gewisse Zeit, und es sah nicht so aus, als ob der Frieden irgendwie gestört werden könnte.

Bis Margarete Buber-Neumann nach Ravensbrück kam. Dorthin war sie unter ziemlich komplizierten Umständen gelangt. Sie war die Frau von Heinz Neumann, einem ehemaligen Parteivorsitzenden der Kommunistischen Partei Deutschlands. Als Neumann zu einer Zusammenkunft der III. Internationale in die UdSSR fuhr, behielt ihn Stalin als Delegierten dort, und Greta entschloß sich, ihm nach Moskau zu folgen.

Zu der Zeit glaubte immer noch ein Teil der Kommunisten, die kommunistischen Parteien aller Länder könnten verhindern, daß der Faschismus an die Macht kommt. Davon war auch Heinz Neumann überzeugt, und er hielt eine Rede, in der er seine Überzeugung verteidigte.

Gegen ein solches Vorgehen war Stalin grundsätzlich, er lehnte es mit aller Entschiedenheit ab und unterdrückte abweichende Meinungen. Die Rede erboste ihn in höchstem Maße, er ließ Neumann verhaften und wenige Tage nach der Festnahme hinrichten.

Erst nach Jahren auf dem zwanzigsten Parteitag wurde Neumann von Nikita Chruschtschow rehabilitiert, als man sich im Zusammenhang mit den Enthüllungen über die Stalinsche Politik während der sogenannten Epoche des Personenkultes wieder mit dem Fall befaßte.

Im Jahre 1939, nach dem Abschluß des Nichtangriffspaktes zwischen der UdSSR und Deutschland, hatte Stalin jedoch dem Dritten Reich alle deutschen Kommunisten ausgeliefert, und die Gestapo übernahm sie an der Grenze direkt von sowjetischen Milizionären.

Greta Buber-Neumann war unter ihnen. Zuerst brachte man sie nach Dresden – vielleicht zu Ermittlungen, das weiß ich nicht –, und aus Dresden wurde sie wie Milena von der Gestapo ins Konzentrationslager Ravensbrück überführt.

Milena interessierte sich verständlicherweise für ihr Leben. Als jedoch die tschechischen Kommunistinnen Einzelheiten über Gretas Schicksal erfuhren und hörten, was Greta über die sowjetischen Konzentrationslager berichtete, wandten sie sich von ihr ab.

(In dem Brief, den mir Milenas Freundin gleich nach dem Kriege schrieb, schilderte sie das so: Als Greta ins Lager kam, war Ravensbrück noch ein ganz erträgliches KZ, das die Deutschen sogar dem Internationalen Roten

Kreuz vorführten. Nachdem sich Greta ein bißchen umgesehen hatte, soll sie vor tschechischen Genossinnen erklärt haben, Ravensbrück sei im Vergleich zu einem Stalinschen Gefängnis ein Kurort, und sie könnten froh sein, hier und nicht in einem Stalinschen Lager zu leben. Den tschechischen Genossinnen sollen bei diesen Worten die Haare zu Berge gestanden haben, und seitdem mieden sie Greta wie die Pest.)

Milena teilte die feindselige Haltung gegenüber Greta nicht, sondern befreundete sich sogar mit ihr und ließ sich ihre Geschichte in allen Einzelheiten berichten. Sie hatte keinen Grund, Greta nicht zu glauben. Die Informationen, die Milena von ihr erhielt, waren für sie nichts Neues, es war nur die Bestätigung dessen, was sie schon – wenigstens teilweise – wußte.

Schließlich war noch vor der Einstellung der *Přítomnost* ein Artikel von Milena erschienen, aus dem klar hervorgeht, daß Gretas Berichte für sie keine Offenbarung waren, und auch die meisten Ravensbrücker Kommunistinnen mußten zumindest davon gehört haben.

Ich meine den Artikel, in dem Milena über das Schicksal der sowjetischen Interbrigadisten nach dem Ende des Spanischen Bürgerkrieges schrieb. Sie durften nicht mehr in die Sowjetunion zurückkehren, weil das Stalinsche Regime niemanden ins Land der Sowjets lassen wollte, der aus eigener Erfahrung das Leben außerhalb seiner Grenzen kannte und bezeugen konnte, wie der kapitalistische Teil der Welt wirklich aussah.

Für Milena war wohl sogar die Tatsache, daß die Sowjetunion deutsche Kommunisten der Gestapo auslieferte, nicht überraschend. Was freilich nicht bedeutet, daß sie darüber nicht erschüttert gewesen wäre. Und was sie von Greta über das Schicksal Heinz Neumanns erfuhr, über seine Hinrichtung und über die Umstände, wie es dazu kam, konnte nur ihre Überzeugung bestärken, die sie einst im Lager laut geäußert hatte und die ihr später vorgeworfen wurde: die Überzeugung, daß das Stalinsche Regime keine Befreiung bedeutete, sondern daß sie nur vom Regen in die Traufe kämen, wenn sie aus der Gewalt des Faschismus unter die Gewalt Stalins gerieten.

So wurde die Feindseligkeit der Ravensbrücker Kommunistinnen gegenüber Greta allmählich auch auf Milena übertragen. Erst versuchten einige, Milena zu überreden und dazu zu bewegen, die Freundschaft mit Greta aufzugeben und zu ihnen zurückzukehren. Vielleicht waren sie sogar bereit, ihre Verfehlungen zu verzeihen und zu vergessen.

Aber Milena ließ sich nicht beirren, sie hatte nicht das Gefühl, daß ihr etwas verziehen werden müßte. Der Bruch ärgerte sie zwar, denn im Lager ist jedes Zerwürfnis bitter, und es ist weitaus schwerer zu ertragen als in der Freiheit, doch selbst dann, als das sogar eine direkte Bedrohung darstellen konnte, weil die Kommunistinnen in vielen Fällen die Möglichkeit hatten, zugunsten oder zuungunsten einer Gefangenen einzugreifen, konnte Milena nicht nachgeben.

Was folgte, beschreibt ihre Freundin in dem Brief sehr kurz und einfach: Marmeladetöpfchen wurden weggenommen, es gab weniger Brot, und Milena war allein.

Sie war jedoch nicht völlig isoliert, weil in Ravensbrück nicht nur Kommunistinnen waren, und außerdem verhielten sich nicht einmal diese alle gleich feindselig.

Doch da bin ich wieder bei dem, worüber ich schon geschrieben habe: bei der Ordnung, die für Gefängnisse gilt, und in der auch einkalkuliert ist, daß etwas Macht in den Händen einzelner Gefangener liegt. Nicht jeder hat den Mut, sich der Mehrheit zu widersetzen, und sobald jemand vor die Entscheidung gestellt wird, das

Schicksal eines Ausgestoßenen zu erleiden oder seine Meinung für sich zu behalten, wählt er gewöhnlich das zweite, und das darf man ihm nicht verübeln. Niemand ist verpflichtet, ein Held zu sein.

Mit der Zeit stumpfte zwar die Feindschaft ab und wurde von den alltäglichen Sorgen zerrieben, aber nur in dem Maße, daß sie nicht ständig offen gezeigt wurde und daß einige Gefangene einfach darüber schwiegen. Trotzdem war sie weiter vorhanden, und sie dauerte sogar nach Milenas Tod weiter an.

Es gelang zwar nicht, Milena hermetisch von allen anderen abzusondern, aber viel fehlte nicht dazu. Zum Glück waren dort einige Frauen, die sich zu widersetzen wußten, und vornehmlich war dort Greta, ein Mensch, der damals Milena am nächsten stand. Greta war bereit, alles für Milena zu tun, was in menschlichen Kräften lag. Und dort war die Mitgefangene, die mir nach dem Krieg schrieb, und es gab eine ganze Reihe weiterer Frauen, über die ich nur wenig oder gar nichts weiß.

Aber ich weiß: Als es Milena am schlechtesten ging, rief sie nach niemandem von ihnen und niemandem von uns, die wir daheim geblieben waren. Sie rief in ihrer Verlassenheit zu Gott – sie, die vor dem Abtransport eine überzeugte Atheistin gewesen war.

Milenas Gesundheitszustand war schon seit der Untersuchungshaft in Dresden schlecht, und in Ravensbrück besserte er sich verständlicherweise keineswegs. Ende 1943 kam zu den Beschwerden noch eine Nierenentzündung hinzu. Das war schon an sich ziemlich schlimm. Milena gehörte zu den Menschen, deren körperlicher Zustand direkt von ihrer seelischen Verfassung abhängt. Das gilt zwar allgemein, aber bei kaum jemandem traf das in so deutlicher Form zu. Sie besaß riesige seelische Kräfte, und solange diese nicht gebrochen waren, vermochte sie mit ihrer Hilfe alles zu bewältigen.

Damit will ich nicht sagen, daß sie auch eine Nierenentzündung überwunden hätte – ich will damit nur sagen, daß sich die Schwächung der seelischen Kräfte, zu der es gekommen war, weil Milena überall nur Feindseligkeit begegnete und infolgedessen vereinsamte, auch auf die Widerstandskraft des Körpers auswirkte.

Mit Entsetzen betrachtete sie ihre Hände und sah, wie sie sich vor ihren Augen veränderten. Sie war eine Arzttochter und verstand selber ein bißchen von Medizin. Die Hautfarbe und die anderen Symptome signalisierten deutlich eine schwere Krankheit. Daß es sich um eine Nierenentzündung handelte, wußte sie nicht – es gab niemanden, der eine Diagnose gestellt hätte.

Bis Doktor Treite nach Ravensbrück kam.

Margarete Buber-Neumann schreibt in ihrem Buch "Kafkas Freundin Milena"* :

"Milena lernte Doktor Treite im Krankenrevier kennen, und er begegnete ihr mit besonderer Zuvorkommenheit. Sie faßte Vertrauen zu ihm, als er ihr mitteilte, er habe während seines Studiums in Prag bei Professor Jan Jesenský gehört. Treite übertrug die Achtung vor dem Vater auf die Tochter. Milena sprach mit ihm über ihre Beschwerden. Bei der Untersuchung stellte er fest, daß eine Niere vereitert war und es nur noch eine einzige Rettung gab, die Operation. Milena entschied sich für diesen letzten Versuch, am Leben zu bleiben, das sie liebte. – Im Januar 1944 wurde sie ins Krankenrevier aufgenommen, und Treite machte eine Bluttransfusion.

* Zitiert nach der Ausgabe: Margarete Buber-Neumann, Kafkas Freundin Milena, Berlin 1966.

Als ich sie mittags besuchte, zeigte sie mir beglückt ihre Hände: 'Ganz rosig sind sie, wie bei einem gesunden Menschen . . .'

Während der Operation erwachte sie aus der Narkose, wandte sich an Treite und verlangte, er solle ihr die Niere zeigen. Der Arzt gehorchte, und man betäubte sie von neuem.

In der Mittagspause eilte ich mit zerrissenem Herzen zum Krankenrevier, betrat das Zimmer, in dem sie lag, stumm und bleich wie eine Tote. Noch nicht aus der Narkose erwacht, erhob Milena plötzlich die Stimme in feierlichem Pathos und sprach das Vaterunser auf tschechisch."

Nach der Operation besserte sich der Zustand ein bißchen. Milena erhielt wirklich gute Pflege, außerdem halfen anfangs die Transfusionen, von denen ihr Treite mehrere gab.

Im Mai trat jedoch eine rapide Verschlechterung ein. Die zweite Niere war angegriffen, und auch eine Operation konnte nicht helfen.

Über ihr Ende schreibt ihre Freundin Greta:

"Am Nachmittag des 15. Mai überbringt man mir während der Arbeitszeit die Nachricht, Milena liege im Sterben. Ich zögere keine Minute und verlasse ganz einfach den Arbeitsplatz. Was kann schon noch geschehen! Die Sterbende liegt in Euphorie. Das Gesicht strahlt, die Augen glänzend und dunkelblau, und als ich zu ihr trete, breitet sie die Arme aus, begrüßt mich mit dieser wunderschönen, ihr eigenen Geste. Sie kann nicht mehr sprechen. Aus dem Lager kommen die tschechischen Freunde, sie umringen das Bett, stehen draußen vorm Fenster, und voller Glückseligkeit blickt Milena auf alle, nimmt Abschied vom Leben. Am Abend verliert sie das Bewußtsein. Der Todeskampf dauert bis zum 17. Mai. Erst dann schleiche ich in die Baracke zurück. Für mich hat das Leben den Sinn verloren.

Als die Leichenkolonne Milenas Sarg auf den Wagen lud, bat ich, mitgehen zu dürfen. Es war ein Frühlingstag mit tröpfelndem, warmem Regen, und der Posten beim Lagertor mochte glauben, daß es Regen sei, was da über meine Wangen lief. Im Schilf, am Ufer des Fürstenberger Sees, pfiff traurig ein Wasservogel. Wir luden die Kisten mit den Toten ab und trugen sie zum Krematorium. Zwei kriminelle Männerhäftlinge mit den Gesichtern von Henkersknechten klappten den Deckel hoch, und als wir die tote Milena heraushoben und meine Kraft versagte, meinte der eine höhnisch: 'Kannst schon richtig anpakken, die spürt sowieso nichts mehr!'

Auf Anordnung Doktor Treites wurde Milena im Vorraum des Krematoriums aufgebahrt. Er hatte in einem Telegramm Professor Jesenský den Tod seiner Tochter mitgeteilt und ihn davon unterrichtet, er könne die Leiche Milenas nach Prag überführen lassen."

Epilog

Doktor Treites Telegramm kam wirklich an, und gleichzeitig oder kurz darauf erhielten wir auch die Mitteilung, daß wir Milenas Leichnam nach Prag überführen könnten.

Die Nachricht von Milenas Tod erschütterte jedoch Professor Jesenský so sehr, daß an eine Reise nach Deutschland nicht zu denken war.

Erst wollte er sich das Leben nehmen, man mußte ihn bewachen, um ihn daran zu hindern. Er brach einfach zusammen, seine seelischen und körperlichen Kräfte waren erschöpft. In dem Zustand, in dem er sich befand, nach Deutschland zu fahren, um den Sarg mit Milenas Leichnam zu holen, hätte seinen Tod bedeutet.

Außerdem war er schon alt, und die Luftangriffe, die damals fast ununterbrochen stattfanden, hätten seine zerrütteten Nerven nicht ausgehalten.

Es dauerte lange, bis er wieder zu Kräften kam, und völlig erholte er sich nicht mehr. Mit mir sprach er niemals über Milenas Tod, und sobald er ein wenig genesen war, zeigte er nicht einmal seine Trauer. Anfangs hatten wir Angst, daß er sich etwas antut oder daß er diesen Schicksalsschlag psychisch nicht bewältigt und geisteskrank wird – er redete zuweilen etwas verworren. Das gab sich jedoch mit der Zeit. Nur etwas blieb dauerhaft, doch ich traute mich nie zu fragen, ob es ihm bewußt war oder ob es sich um einen Anflug von Wahnsinn handelte, gegen den er sich nicht wehren konnte: Seit Milenas Tod redete er mich nie anders an als "Milka". Er wußte genau, daß ich seine Enkelin bin und nicht seine Tochter, und die Verwirrung betraf lediglich die Anrede. Meinen Namen habe ich nie mehr aus seinem Munde gehört.

Milenas Tod traf auch Jaromír sehr tief. Er war zu der Zeit allein in Prag, ich weiß nicht, wo Riva war, vielleicht irgendwo zur Kur oder auf dem Lande bei einer Freundin. Ich wollte ihm selber sagen, daß Milena tot ist, er war aber nicht zu Hause, so sagte ich es der Großmutter und bat sie, ihm die Nachricht möglichst schonend beizubringen. Er durfte sich nicht aufregen, einen neuen Infarkt hätte er vielleicht nicht überlebt.

Als ich am nächsten Tage zu ihm kam, war die Wohnung verräuchert, und die Aschenbecher waren voll. Jaromír, der bisher alle Verbote der Ärzte peinlich genau befolgt hatte, trank gerade Kaffee. Seine Lider waren vom Weinen geschwollen.

Noch einem Menschen überbrachte ich die Nachricht von Milenas Tod – Lumír Čivrný. Als er mich im schwarzen Kleid und mit schwarzen Strümpfen sah, begriff er sofort, was geschehen war. Er tröstete mich nicht, er sagte keine von den tröstlichen Phrasen, die ich in diesen Tagen so oft gehört hatte, daß mir davon schon übel wurde, er faßte sich und ging mit mir spazieren und erzählte mir von Milena, als ob sie lebte. Wir gingen vielleicht eine Stunde, vielleicht zwei durch die Straßen – ich weiß es nicht mehr. Aber das war die einzig menschliche Reaktion, und ich atmete bei diesem Spaziergang zum ersten Male wieder etwas freier.

Damals konnte ich noch nicht ahnen, von wieviel Feindseligkeit Milena umgeben gewesen war. Selbst wenn ich es gewußt hätte, hätte ich mir niemals vorstellen können, daß diese Feindseligkeit mit ihrem Tod nicht aufhörte, sondern stärker wurde, insofern das noch möglich war.

Den ersten Kommentar zu ihrem Tod gab noch im Lager Hilda Synková. (Das las ich in dem Brief, aus dem ich auch zuerst alles andere erfuhr.) Es sei gut, daß Milena gestorben ist, denn im neuen Prag sei für sie sowieso kein Platz. Weder für sie noch für ihresgleichen.

Das war nicht der einzige Kommentar dieser Art, es ist nur der einzige, den ich genau wiedergeben kann.

Nach dem Krieg kehrten Freunde und Bekannte nach Prag zurück, und es kam Evžen. Niemand sagte in meiner Gegenwart ein schlechtes Wort über Milena. Ich vermochte mir immer noch nicht vorzustellen, daß es so viele Menschen gibt, die ihren Haß hegen, obwohl Milena tot ist, und trotz der Umstände, unter denen sie starb.

Bis zum Februar 1948 wurde Milena in der Presse mehrmals erwähnt, und es erschien ein Gedenkartikel in einer Frauenzeitschrift. Milenas Name hatte einen guten Klang.

Seit dem Februar war es still um Milena. Lange. Bis Kafkas "Briefe an Milena“ herauskamen.

Ich hörte davon erst einige Zeit nach ihrem Erscheinen. Und selbstverständlich fragte ich Evžen und andere Freunde Milenas, auf welchem Wege die Briefe ins Ausland gelangt waren. Ihr Herausgeber, Herr Willy Haas, behauptete nämlich, Milena hätte sie ihm als Eigentum zur freien Verfügung überlassen.

Ich erfuhr folgendes: Bevor Herr Haas Prag verließ, habe er von Milena Kafkas Briefe erhalten, weil er sie angeblich für eine Arbeit brauchte. Milena lieh sie ihm, und da die Briefe während des Krieges im Ausland sicherer als in Prag waren, überließ sie ihm das Bündel. Nicht, damit er die Briefe druckte, sondern damit er sie sicher aufbewahrte, bis der Krieg vorüber sei.

Nach dem Krieg redigierte Herr Haas die Briefe, wobei er angeblich einige Stellen ausließ, und veröffentlichte sie, ohne zu fragen, ob jemand Einwände dagegen habe.

Obwohl die Briefe in Wahrheit mein Eigentum sind, habe ich mich niemals dazu geäußert. Aus einer ganzen Reihe von Gründen. Einerseits waren sie sowieso veröffentlicht, so daß es keinen Sinn gehabt hätte, nachträglich etwas dagegen einzuwenden, andererseits hätte ich von der Tschechoslowakei aus kaum etwas in Westdeutschland dagegen unternehmen können. Außerdem hatte ich so viele andere Sorgen, daß dafür einfach keine Zeit blieb.

Im Jahre 1963 entschloß ich mich doch, Herrn Haas zu schreiben, daß es eigentlich meine Briefe sind, und ich fragte ihn, wo sie sich überhaupt befinden. Die Antwort kam fast postwendend und verschlug mir die Sprache.

Er sei sehr froh, daß ich von mir habe wissen lassen, ihn ärgere nur, daß das aus Eigennutz geschehen sei. Er habe nie etwas für Milenas Briefe bekommen außer einem geringen Honorar für die Herausgabe, doch er halte es nicht für nötig, es mit mir zu teilen (worum ich ihn übrigens nie gebeten habe). Die Briefe stellten eine literarische Hinterlassenschaft von globaler Bedeutung dar, deshalb habe er sie im Kafka-Museum in Jerusalem in einem sicheren Safe aufbewahrt, weil sie in einer Zeit, wo der Welt ein Atomkrieg drohe, Schaden nehmen könnten. Er habe die Briefe von Milena unter gewissen Umständen erhalten, über die er sich wegen ihrer intimen Art nicht äußern wolle, und sei sehr erstaunt, daß ich aus der unglücklichen und leidenschaftlichen Liebe meiner Mutter Vorteile ziehen wolle.

Ich benahm mich ganz unhöflich und beantwortete den Brief nicht. Ich wußte nämlich nicht, was ich dazu hätte sagen sollen.

Soviel also zur Geschichte der Briefe. Ich bringe diese Einzelheiten eher des Interesses halber und als Beweis dafür, daß das Schicksal eines Menschen mit seinem Tode längst nicht endet. Damit endet nur die Möglichkeit, selbst in sein Schicksal einzugreifen und sich zu wehren.

Nach einiger Zeit waren Kafkas Werke bei uns keine verbotene Literatur mehr. Milenas Name wurde im Zusammenhang mit Kafka auch in tschechischen Zeitschriften und literarischen Studien genannt. Selbstverständlich nur in diesem Zusammenhang – doch auch das wühlte die glatte Oberfläche auf.

Und so fiel Frau Gustina Fučíková in der *Kulťurní tvorba* über Milena her. Es war ein ziemlich scharfer Angriff, in der Einleitung habe ich schon darüber gesprochen. Unter anderem behauptete sie, Milena hätte durch ihre Haltung zur UdSSR die Moral der Ravensbrücker Häftlinge untergraben und unter ihnen Depressionen verbreitet. Wer wen im Lager zu Depressionen trieb, ist eine andere Sache. In dem Artikel war auch zu lesen, Milena wäre niemals Parteimitglied gewesen, und er enthielt eine Reihe weiterer Fehler oder eher Halbwahrheiten. Die Wahrheit ist, daß Milena den Aufnahmeantrag für die Partei abgegeben hatte, er war sogar von einem Genossen unterschrieben, der sich damals in der Illegalität befand und bei uns versteckte – Klement Gottwald.

Und Milena hat für die Partei gearbeitet, solange sie dieser Partei vertraute, und es war ein ziemlich großes Stück Arbeit, das sie geleistet hat.

Gleichzeitig ist jedoch wahr, daß sich Milena um diese Arbeit gekümmert hat und nicht um den Aufnahmeantrag, und daß sie die Beiträge entweder unregelmäßig oder auch gar nicht bezahlt hat.

Ich rief also Frau Gustina Fučíková an und versuchte, wenigstens die sachlichen Fehler aufzuklären. Es gelang mir nicht. Sie blieb bei ihren Behauptungen. Ich bat sie deshalb zu überlegen, ob sie sich nicht irren könne. Schließlich sei das schon einmal geschehen, nämlich im Slánský-Prozeß, als sie gegen einen Mann ausgesagt hatte, der später rehabilitiert wurde – wenn auch ein bißchen spät, weil er inzwischen hingerichtet worden war.

Sie bekräftigte auch diese Zeugenaussage und versicherte mir, daß der Slánský-Prozeß in Ordnung gewesen wäre und ihr Verhalten auch. So legte ich den Hörer auf. Was hätte ich auch anderes tun können . . .

Wieder war es lange Zeit still, bis sich Professor Eduard Goldstücker in den *Literární noviny* zu Milenas Verteidigung meldete. Er stach in ein Wespennest . . . Es folgte der Artikel eines Herrn Kolár unter dem Titel "Die Liebschaften einer Renegatin". Der Tonfall war etwas wütender als normalerweise in einer journalistischen Polemik üblich.

Im Ausland wurde genug über Milena gesprochen und geschrieben – aber das gehört wohl nicht hierher, und außerdem –, ich hatte nicht die Möglichkeit, es zu verfolgen, und erfuhr davon nur zufälligerweise, so daß ich mich darüber nicht ausführlicher äußern kann.

Zum Schluß nur noch soviel: Wenn ich die Namen einer Reihe von Milenas Freunden nicht nenne, die auch nach dem Krieg gut von ihr sprachen, und wenn ich die Namen der Menschen verschweige, an die sich Milena auch nach deren Emigration und in Ravensbrück erinnerte, so geschieht das vor allem deshalb, weil ich nicht weiß, ob es ihnen recht wäre, hier erwähnt zu werden. Denn bis heute ist nicht ganz sicher, ob es kein Makel in der Personalakte ist, im Zusammenhang mit Milena Jesenská genannt zu werden.

Nachbemerkung

"Das war es also, wovon die Mutter nie sprechen mochte": Als wir, die Kinder von Jana Černá, die niedergeschriebenen Erinnerungen an Milena Jesenská in der Hand hielten, waren wir zunächst überrascht. Nicht so sehr wegen des Inhalts, sondern daß das Buch überhaupt entstanden war. Bereits im Alter von neun oder zehn Jahren wurde uns klar, daß die Großmutter eine Frau war, an die sich die Menschen aus Mutters Umgebung gern erinnerten. Viele kamen, um die Enkel zu sehen, vor allem aber, um Milenas Tochter Jana in einer verfahrenen Situation zu helfen. Freilich, allzu viel haben sie nicht ausrichten können, die Vorstellungen darüber, wie man sich im Leben einrichtet, gingen zwischen ihnen und Jana zu weit auseinander. Nicht immer fuhr Jana mit ihrer Art gut, sie verstrickte sich in Schwierigkeiten mit Familie, Freunden und Ämtern, und es sollte Jahre dauern, bis sie nach vier Ehen, einem Jahr Gefängnis und Jahrzehnten innerer Unruhe zu einem ausgeglichenen Leben fand. So offen sie mit ihren Kindern über alles sprach – wenn die Rede auf Milena Jesenská kam, wurde sie schweigsam, und so haben wir allmählich gelernt, das Thema zu meiden.

Viele der späteren Schwierigkeiten rührten gewiß von

dem nicht gerade glücklichen Start ins Leben. Am 14. August 1928 wurde sie in Prag geboren. Die Geburt war äußerst schwer, an ihren Folgen litt Milena Jesenská noch viele Jahre. Impulsiv wie sie war, liebte sie ihr Kind, wenn es auch anstelle des gewünschten Sohnes eine Tochter war. Die Rolle einer fürsorgenden Mutter hielt sie allerdings nicht lange durch. Als ideenreiche Journalistin wandte sie sich bald wieder ihrer Arbeit zu und überließ die Erziehung des Kindes weitgehend einem Kindermädchen.

Wenige Jahre später ging Milenas Ehe mit Jaromír Krejcar in die Brüche, sie zog mit der Tochter in eine kleine Wohnung, und erst hier scheint sich ein wirklich inniges Verhältnis zwischen beiden gebildet zu haben. Freilich, auch das sollte nicht lange währen, Jana war gerade elf Jahre, da wurde die Mutter von den Deutschen, die inzwischen das Land besetzt hatten, verhaftet. Teils wegen ihrer Artikel, teils, weil sie gefährdeten Menschen zur Flucht vor den Nazis verhalf.

Das Mädchen kam zum cholerischen Großvater, einem in Prag bekannten Professor der Zahnmedizin. Wie sie mit ihm zurechtkam, darüber sprach Jana später kaum, wie sie auch sonst wenig von ihrer Kindheit erzählte. Übrigens eine Eigenart, die sie auch ihrer Mutter in diesem Buch zuschreibt. 1945 starb Jan Jesenský, und die Siebzehnjährige, deren Mutter ein Jahr zuvor im Konzentrationslager umgekommen war, blieb auf sich allein gestellt. Immerhin erbte sie vom Großvater nach Angaben von Freunden der Familie rund eine Million Kronen. Es dauerte gerade ein Jahr und das Geld war auf den Kopf gehauen. Jana lud Freunde in die Wohnung, bewirtete sie, veranstaltete aufwendige Feiern und mietete zeitweise ein Taxi, das den ganzen Tag vor der Tür stand, falls man es brauchen sollte.

Vermutlich war es das Beste, was sie mit dem Geld anfangen konnte. Im Februar 1948 ergriffen die Kommunisten die Macht und verstaatlichten kurz darauf selbst die Wohnhäuser. Nach der Währungsreform im Jahre 1953 waren einmal mehr die Sparsamen die Geprellten. Solche Sorgen kannte Jana jedenfalls nicht mehr. Sie mußte zusehen, wie sie sich als Tochter einer von Kommunisten verfemten Frau durchs Leben schlug. 1949 heiratete sie zum ersten Mal, kurz darauf ging der Mann nach Israel. 1950 lernte sie ihren zweiten Mann, Miloš Černý, kennen. Aus dieser Ehe stammen drei Kinder, ein viertes nahm der Mann an, obwohl ihm klar war, daß es nicht seines ist. Aber auch diese Beziehung hielt nicht lange. Die Ehe brach auseinander, und die vier Kinder, darunter auch ich, wurden verstreut in der Republik in Kinderheimen untergebracht.

Jana Černá mit vier ihrer Kinder

In diesen Jahren wechselte Jana mehrfach den Beruf: sie arbeitete als Putzfrau, Straßenbahnschaffnerin und Küchenhilfe. Zugleich unternahm sie ihre ersten schriftstellerischen Versuche. Sie schrieb Erzählungen, die in mehreren Zeitschriften erschienen und die Bücher "Es waren nicht meine Kinder" (Nebyly to moje děti), eine Sammlung von Kurzgeschichten über Kinderschicksale, und "Heldenmut ist Pflicht" (Hrdinství je povinné), die Geschichte eines jungen Mannes in einer Aufbaubrigade. In einem der wenigen Sätze über Milena Jesenská antwortete sie einmal auf meine Frage, ob es einen Roman von der Großmutter gebe: "Sie schrieb nur kurze Artikel, für ein ganzes Buch fehlte ihr der lange Atem".

Sicher traf das auch auf Jana zu. Und nicht nur in bezug auf die Dichtkunst. Als sie nach einigen Jahren zwei Kinder aus den Heimen zu sich nahm, sollte es nur für zwei beziehungsweise drei Jahre sein. Wir fühlten uns geliebt, sie unterhielt sich mit uns wie mit Erwachsenen und erwartete auch, daß wir uns entsprechend verhielten. Es fehlte aber die Kontinuität in kleinen Selbstverständlichkeiten. Wir Kinder waren tagelang auf uns gestellt und nach kurzer Zeit wurde das Sorgerecht dem Vater zugesprochen.

Anfang der sechziger Jahre heiratete Jana erneut und wieder gebar sie ein Kind. Schon nach kurzer Zeit wurde der Junge von den Behörden Pflegeeltern zugesprochen und Jana wegen grober Vernachlässigung ihrer Aufsichtspflicht zu einem Jahr Freiheitsentzug verurteilt.

Lange Zeit hatte sie nichts mehr veröffentlicht. Erst im Verlauf der sechziger Jahre saß sie wieder öfter an der Schreibmaschine, und dabei entstand auch das hier vorgelegte Buch. Aus ihm wird deutlich, daß die Erinnerung an die Mutter Jana Černá die ganzen Jahre wie ein Schatten begleitet hatte. Sie kam auch nicht umhin, sich mit den Vorgängen um Kafkas ''Briefe an Milena" zu beschäftigen. Auf deren Schicksal konnte sie indes keinen Einfluß nehmen. Die Briefe gelangten hinter den dichtverschlossenen Eisernen Vorhang, der auch jegliche Kommunikation nahezu unmöglich machte.

Auch das beschreibt sie in diesem Buch. Neben den Tatsachen vermittelt es aber auch ihr tiefes Mißtrauen gegenüber jeglichem Pathos, ihre trockene Sachlichkeit in Momenten, in denen andere Menschen zur Sentimentalität neigen und vor allem aber ihre tiefe Abneigung gegenüber Intoleranz und Kleinmut.

Am 5. Januar 1981 starb Jana Černá infolge eines Autounfalls. Gewiß waren ihre letzten sechs bis sieben Jahre die ruhigsten. Sie lebte innerlich ausgeglichen mit ihrem vierten Mann, produzierte kunstvolle Keramik und spielte gern mit ihren Enkeln.

Jan R. Černý
Mannheim, September 1985